Romano Guardini

Die letzten Dinge

Die christliche Lehre vom Tode, der Läuterung nach dem Tode, Auferstehung, Gericht und Ewigkeit

Topos Taschenbücher

Unveränderter Nachdruck der 6. Auflage,
Würzburg: Werkbund-Verlag, 1966
(1. Auflage 1940)

2. Taschenbuchauflage 1995
6000–7500

Reihengestaltung: Eschert & Bänder
Gesamtherstellung: Clausen & Bosse GmbH, Leck

ISBN 3-7867-1445-2

Inhalt

Vorbemerkung 7

Der Tod 9

Die christliche Behauptung 11

Das Phänomen des Todes und seine natürliche Deutung 13

Der Tod und die Sünde 19

Der Tod und die Erlösung 23

Der christliche Sinn des Todes 30

Die Läuterung nach dem Tode 33

Die Lehre der Kirche 35

Die Gesinnung 41

Die Tat und das Sein 45

Das läuternde Leiden 48

Die Auferstehung 55

Die Lehre der Offenbarung 57

Die christliche Botschaft und der Mensch 61

Der geistliche Leib 65

Die Bedeutung der christlichen Lehre vom Leibe 79

Das Gericht 83

Das Wesen der Geschichtlichkeit 85

Allgemeine Vorstellungen vom Weltgericht 91

Die Lehre der Offenbarung 96

Die Ewigkeit 107

Zeit und Ewigkeit 109

Die Offenbarung der Ewigkeit 115

Der Eintritt des Menschen in die Ewigkeit 120

Vorbemerkung

Das Dasein verwirklicht sich in der Zeit. In dieser Zeithaftigkeit treten drei Bestimmungen nicht nur deutlich, sondern entscheidend hervor: der Anfang, das Ende und der jeweils gegebene Augenblick. Anfang und Ende begrenzen die Gesamtgestalt des Daseins; im Augenblick sammelt es sich, tritt an den Lebenden heran, gibt sich ihm in die Hand und empfängt aus seiner Freiheit den bleibenden Sinn. Werden diese Bestimmungen aus der christlichen Botschaft heraus verstanden, so ergeben sich die Grundbegriffe einer christlichen Lehre von der Daseinszeit. Vom Anfang: wie der Einzelne beginnt, und wie die Welt begonnen hat, in der er lebt und die sich in ihm vollendet. Vom Ende: wie das Leben des Einzelnen seinen Abschluß findet, und wie ihn die Welt finden wird, die auf den Menschen hingeordnet ist. Endlich vom Augenblick: wie die laufende Zeit gegenwärtig und damit das Dasein in jeweils unwiederbringlicher Einmaligkeit dem Menschen anvertraut wird; abermals das Dasein des Einzelnen und der auf ihn hin bestehenden Welt. Wenn wir die üblichen Bezeichnungen einführen und zugleich fortführen, heißen die drei Teile der christlichen Lehre von der Daseinszeit die Archelogie, Eschatologie und Kairologie.

Das Nachfolgende spricht von »den letzten Dingen«; versucht also einen Entwurf der Lehre vom Ende und von dem, was am Ende geschieht: dem Tode, der Auferstehung, der Läuterung nach dem Tode, dem Gericht und der Ewigkeit.

Ich sagte, es handle sich um einen Entwurf – genau genommen ist es nicht einmal ein solcher; denn dieser Versuch faßt nicht den ganzen Zusammenhang, sondern jeweils nur bestimmte Gesichtspunkte ins Auge, unter denen der Gegenstand deutlicher und verständlicher wird. Die christliche Eschatologie redet von Dingen, die dem neuzeitlichen Empfinden zum Teil sehr fern sind; der Wandel des Weltbildes wie des Lebensgefühls haben hier besonders viele Fragen und Widerstände geweckt. So kam es mir nicht auf Vollständigkeit, sondern darauf an, den Zusammenhang zwischen der überzeitlichen Lehre der Offenbarung und unserer seelisch-geistigen Situation herzustellen.

Berlin, Advent 1940

Für die zweite Auflage wurde der Text sorgfältig durchgearbeitet, ohne jedoch den Gedankengang im ganzen zu ändern.

München, Advent 1948

Der Tod

Die christliche Behauptung

Im engen Raum dieses ersten Kapitels soll über die christliche Lehre vom Tode gesprochen werden, einen großen und schwer auszuschöpfenden Gegenstand. Wir werden also gut tun, sofort das herauszuheben, wodurch sich die christliche Todesauffassung am schärfsten von den allgemeinen Anschauungen unterscheidet.

Paulus sagt im Brief an die Römer, daß »durch einen Menschen die Sünde in die Welt gekommen [ist] und durch die Sünde der Tod, und so der Tod sich auf alle Menschen ausgebreitet hat, weil [in jenem ersten] alle gesündigt haben« (Röm 5, 12).[1] Der heutige Leser neigt zunächst dazu, die Stelle in einem allgemeineren Sinne aufzufassen. Etwa ethisch: der erste Mensch habe Unrecht getan und dadurch sich selbst und seine Nachkommen bis ins Innerste geschädigt; oder allgemein religiös: er habe Gott verlassen und so das Leben der Seele zerstört, oder ähnlich. In Wahrheit ist die Aussage ganz genau gemeint. Das zeigt sich besonders deutlich, wenn man sie mit der anderen wichtigen Stelle über den Tod vergleicht, die im zweiten Kapitel der Genesis steht: »Als nun Gott, der Herr, den Menschen genommen und in den Garten Eden gebracht hatte, damit er diesen bestelle und behüte, gab Gott, der Herr, dem Menschen die Weisung: ›Von allen Bäumen des Gartens darfst du nach deinem Verlangen essen. Aber von dem Baum der Erkenntnis des

[1] In eckigen Klammern Zusätze vom Verfasser.

Guten und des Bösen darfst du nicht essen; denn sobald du davon issest, mußt du des Todes sterben.‹« (15–17) Im Wort des Apostels wird das der Genesis fortgeführt, und beide sagen das gleiche: der Mensch habe ursprünglich und der Absicht des Schöpfers nach nicht sterben sollen.

Dem neuzeitlichen Leser kommt die Behauptung zunächst einfach unsinnig vor. Die Wissenschaft hat ihn gelehrt, den Tod als Naturnotwendigkeit anzusehen; so empfindet er das Sterben als etwas, was zum Wesen des Lebens gehört. Ja in den letzten Jahrzehnten ist etwas vor sich gegangen, über das viel zu sagen wäre und das man geradezu als eine Kapitulation vor dem Tod bezeichnen könnte. Der Einspruch muß zu seinem Recht kommen; denn was die Offenbarung enthält, ist wohl ein Geheimnis, aber kein Märchen. Sie ist göttliche Wahrheit; wohl unseren Verstand übersteigend, aber Wahrheit. Das Gewissen darf nie den Eindruck haben, die natürliche Erkenntnis werde durch göttliche Autorität gezwungen, einen Unsinn zu bejahen, sondern muß sich in einem zwar geheimnisvollen, aber echten höheren Sinn aufgenommen fühlen.

Der Tod ist das Letzte des Menschenlebens; im Lebendigen ist aber »das Letzte« wesentlich. Unser Dasein bildet eine Vorgangsgestalt, in welcher das Ende zum Ganzen gehört. Dieses Ende ist nicht von der Art wie die letzten Tropfen, die aus einem Gefäß gegossen werden, und deren Besonderes nur darin besteht, daß nach ihnen nichts mehr kommt, sondern es bestimmt alles Vorausgehende. Ein Sprichwort sagt: »Ende gut, alles gut.« Leicht genommen bedeutet das, wenn das Ende gerade noch glücke, komme irgendwie auch das Ganze zurecht; ernst genommen, wenn das Ende recht werde, dann werde es recht aus der Kraft des Ganzen, und im rechten Ende werde das Ganze »end-gültig«. Die letzten Töne einer Melodie bringen diese erst ganz gegenwärtig; der Ausgang eines Dramas hebt die Persönlichkeit des Helden erst ins volle Licht: so führt der Tod das Leben des Menschen zur Voll-Endung – im Guten oder im Schlimmen. Wie kann da Paulus sagen, ohne die Sünde würde kein Tod gewesen sein?

Darauf ist zunächst zu erwidern, daß sicher ein Ende eingetreten wäre. Die Gestalt des Lebens hätte ihren Abschluß und daraus ihre letzte Gültigkeit empfangen; dieses Ende wäre aber nicht der Tod gewesen, den wir heute kennen.

Das Phänomen des Todes und seine natürliche Deutung

Wie soll das sein? Noch einmal gesagt: Der Tod ist dem Leben nicht nur angehängt, wie der Schluß eines schlechten Dramas, der so oder so ausfallen kann, sondern ergibt sich aus dessen eigenstem Bau und Verlauf. Ja genau gesehen steht er gar nicht erst am Schluß, sondern durchzieht seine ganze Erstreckung; hat man »das Leben« doch jene Bewegung genannt, die auf den Tod zugehe. Wie kann man dann annehmen, er sei nicht notwendig? Um der Antwort ihr volles Gewicht vorzubereiten, wollen wir uns die ganze Mächtigkeit dessen, was »Tod« heißt, vor Augen bringen.

Er hat seine erste Grundlage in dem, was man in einem uneigentlichen Ausdruck den physikalischen

Tod nennen könnte. Alles, auch die leblose Welt besteht in Gestalten, denn nirgendwo gibt es bloße Eigenschafts- und Akthaufen; jede Gestalt aber zerfällt. Manche, wie die Form einer Welle im Wasser, sind ganz flüchtig; andere, wie die eines Kristalls oder Berges oder Weltkörpers, dauern sehr lange. Einmal aber lösen alle sich auf.

Seinen eigentlichen Sinn bekommt das Wort erst vor dem Lebendigen. Der biologische Tod bedeutet, daß in dem betreffenden Lebewesen die Kräfte des Aufbaus und der Selbsterhaltung nachlassen, die Zerfallsstoffe nicht mehr richtig ausgeschieden, die Feinde nicht mehr wirksam abgewehrt werden können. So ist der Tod das Endergebnis einer Veränderung im inneren Haushalt des Lebendigen, die bereits im Anfangszustand begonnen hat.

Man kann auch von einem psychologischen Tode reden. Er bedeutet, daß ein Mensch sich wohl, wie das beim Lebendigen nicht anders möglich ist, gegen das Sterben wehrt, diese Gegenwehr aber nicht mehr aus dem Innersten kommt. Im letzten will ein solcher nicht mehr leben. Er hat keine Freude mehr am Dasein. Es lohnt ihm nicht mehr. Auch dieses Äußerste hat sich aber schon von Anfang an vorbereitet, denn immerfort stirbt Seelisches. Jenes lebendige Ganze etwa, das »Kindheit« heißt, vergeht, um dem Jugendalter Raum zu machen; das wiederum geht unter, wenn der Mensch mündig wird. Das Ganze des Lebens besteht nicht aus einem gleichförmigen Zuge, sondern aus verschiedenen, in sich geschlossenen Gestalten, von denen immer eine vergeht, damit die andere Raum bekomme; so sehr, daß wir uns oft in unsere eigene Vergangenheit nicht mehr hineindenken können. Oder wir suchen etwas wieder auf, das uns teuer war – eine Landschaft, ein Buch, einen Menschen – und merken, daß es uns nichts mehr sagt. Auch da ist etwas gestorben. Eine Idee, die uns begeisterte, kann ihre Leuchtkraft verlieren; ein Antrieb, der einmal stark war, kann erlöschen. Ja, bei genauerer Prüfung sehen wir, daß des Menschen Verhältnis zum Leben überhaupt einen widersprüchlichen Charakter hat und nicht nur den Willen zum Bestehen, sondern auch den zum Sterben enthält. Dieser letztere ist immer am Werk und äußert sich in der rätselhaften Neigung, sich selber Schmerz zu verursachen, sich die anderen Menschen zu entfremden, das eigene Werk zu gefährden, und ähnlichen, schwer begreiflichen Verhaltungsweisen. Das alles ist ein Sterben vom Seelischen her, und wie weit es vordringt, hängt von der inneren Kraft der Gegenwehr ab.

Es gibt endlich das, was man den biographischen Tod nennen könnte. Jedes Menschenleben ist aus bestimmten Motiven aufgebaut. Nun kann es aber sein, daß diese sich erschöpfen und keine neuen mehr gefunden werden. Da hat etwa eine Frau ihr Hauswesen aufgebaut und Kindern das Leben gegeben. Diese sind herangewachsen, verlassen die elterliche Familie und gründen ihre eigene. Nehmen wir weiter an, die Frau sei ihrem Hause nicht unentbehrlich; aber anderseits weder imstande, sich einen neuen Wirkungskreis zu schaffen, noch die äußere Untätigkeit von innen her zu erfüllen: dann ist ihr Leben, biographisch gesehen, zu Ende. Die Gestalt hat sich geschlossen; was nun folgt, ist das Abfinden mit der Tatsache. Oder ein Mann hat alles, was er war und vermochte, in sein Werk hineingetan, muß aber eines Tages einsehen, daß er gerade aus Treue gegen dieses Werk abtreten muß, weil ein anderer ihm besser dienen kann.

Wenn er nun nichts mehr findet, was einen neuen Beginn lohnt, oder seiner Muße einen menschlich-geistigen Sinn gibt, dann ist sein Leben, biographisch gesehen, ebenfalls abgeschlossen, mag es auch noch so lange weitergehen.
Noch anderes wäre vom Tode zu sagen; das Angeführte zeigt aber schon, welches Gewicht im Ganzen des Daseins er hat, und daß er in jede Stelle dieses Daseins eingeht. Wie wird der Mensch mit ihm fertig?

Auf die Frage gibt es mancherlei Antworten. Einmal die positivistische. Sie findet sich besonders bei sogenannten Tatsachenmenschen und hat ihren Ausdruck vor allem in jenen Weltbildern gewonnen, die von Naturwissenschaft und Technik bestimmt werden. Danach ist das Sterben etwas Natürliches. Der Mensch ist ein lebendiges Wesen, wie alle anderen auch, nur in höherer Weise organisiert. Jedes Lebendige muß aber zerfallen, also ist der Tod in Ordnung. Der Mensch muß einsehen, daß es so ist, und das Unabänderliche bestehen, so gut er kann; großmütig, oder tapfer, oder ergeben – zum mindesten in anständiger Haltung.
Dieser Antwort steht jene des Idealismus gegenüber. Was sie meint, ist mehr ein Gefühl als ein Gedanke, und mit Worten schwer auszudrücken. Es findet sich vor allem in den Tragödien unserer Klassiker. Da hat der Held gelebt, gekämpft, gefehlt, gelitten und ist schließlich mit dem Charakter der Größe untergegangen. Nun entsteht das Gefühl, in diesem Untergang sei die Schuld gesühnt. Eine Weite öffnet sich, und ein Glanz steht darin. Was zerfallen mußte, ist zerfallen, aber das Eigentliche leuchtet in einer Art Unvergäng-

lichkeit. Freilich darf man nicht zu nahe herangehen, das verträgt der Glanz nicht. Man muß ihn im Unbestimmten lassen. Die klassische Bildung denkt, edel Gelebtes und Geschaffenes könne nicht vergehen. Wenn man sie aber nach dem Wie und Warum fragt, gibt sie keine deutliche Antwort, sondern beruft sich auf einen Glauben, von dem man nicht weiß, ob sie selbst ihn ganz ernst nimmt.

Zwischen diesen beiden Antworten steht eine dritte und sagt: Alles endet, auch das Leben, und so ist es richtig. Über das Ende hinaus leben zu wollen, ist nicht nur töricht, sondern feige und unredlich. Gerade die Härte des Endes macht das, was vor ihm liegt, groß und strahlend. Ja der Tod ist das Leben selbst, dessen andere Seite und Gegenbewegung, Gipfelung und Überschritt. So wird er gemeistert, indem er entschlossen, ja mit dionysischer Inbrunst angenommen und als letzte Erfüllung des Lebens selbst »gelebt« wird.

Wenn wir unser Gefühl genau vor die Sache bringen, dann erklärt es alle diese Antworten für falsch. Sie entsprechen nicht der ganzen Wirklichkeit, sondern immer nur bestimmten Seiten an ihr. Sie halten dem Wesen dessen, um das es sich handelt, nicht stand, sondern weichen nur aus – in eine scheinbare Nüchternheit, oder in eine unechte Geistigkeit, oder in eine überschwengliche Lebensbejahung. Die Wahrheit ist anders. Nicht der Tod, sondern das Leben ist das Letzte.

Dieses Bewußtsein dringt in jenen Antworten durch, welche die Religionen der verschiedenen Völker und Zeiten gegeben haben. Bis auf eine einzige – die buddhistische in ihrer südlichen Form – scheinen sie auf die Frage nach dem Tode mit der Vorstellung der

Ewigkeit zu erwidern. Prüft man aber genauer, dann meint diese »Ewigkeit«, das, was vorher von der Zeit eingeschränkt war, gehe nun unendlich weiter. Vieles am Menschen, sagen sie, ist vergänglich: alles das, was mit dem natürlichen Leibe und der unmittelbaren Wirklichkeit der Dinge zusammenhängt. Das fällt ab. In ihm ist aber auch Unvergängliches: das Wesensbild, das verborgene Selbst, die »Seele«. Sie ist anders als der natürliche Leib und die greifbaren Dinge, einfach, unzerstörbar, geheimnisvoll-machthaft. Sie verläßt den Raum des irdischen Daseins, tritt in eine Sphäre schauervoller Eigentlichkeit und empfängt dort ein neues, dem Tode entzogenes, endgültiges Leben.

Diese Antwort hat ein ganz anderes Gewicht, als die vorausgehenden, obwohl letztere sich gern als überlegen empfinden. Sie entspricht dem innersten Bewußtsein des Menschen viel mehr, und ist der Wirklichkeit des Daseins ganz anders gewachsen. Bei genauerem Zusehen merkt man sogar, daß sie unbestimmt hinter den angeblich wissenschaftlichen oder philosophischen Antworten steht und ihnen ihre sichernde Kraft gibt. Denn was den Positivisten, den Idealisten, den Tragiker des Lebens in seiner Überzeugung ruhig sein läßt – vorausgesetzt, daß es sich wirklich um eine Überzeugung handelt, aus der er nicht nur redet und schreibt, sondern auch lebt und stirbt –, ist eine verborgene Hoffnung auf ein geheimnisvoll dauerndes Leben.

Die religiöse Antwort wird in verschiedenen Weisen und mit verschiedenen Vorstellungen metaphysischer oder mythologischer Art gegeben. Sieht man genau zu, dann scheinen diese aber eines gemeinsam zu haben: sie geben den Leib preis und setzen die Überwin-

dung des Todes mit der Unsterblichkeit der Seele gleich. Auf sehr früher Stufe ist das wahrscheinlich noch nicht so, und jene Bezeichnungen, die wir geneigt sind, mit »Seele« wiederzugeben, meinen in Wirklichkeit etwas anderes: ein Doppelbild des ganzen Menschenwesens, mitsamt Leib und Besitz und Stellung in der Welt; eine geheimnishafte andere Seite des Seins. Doch verändert sich diese Vorstellung mit der Zeit und stellt das heraus, was gerade im Unterschied zum Leibe die geistige Seele meint. Sie ist es, die den Tod übersteht und den ewigen Sinn trägt.
Das Christentum denkt nicht so. Daran ändern auch die »vergeistigenden« oder »verinnerlichenden« Auffassungen der Neuzeit nichts. Worum es ihm geht, ist nicht »die Seele«, oder »der Geist«, sondern der Mensch. Die echte Frage nach dem Tode geht nicht darauf, ob die Seele zerstört werde oder ewig lebe, sondern wie der Tod im Leben des konkreten Menschen stehe: ob er wesensnotwendig sei, oder nur faktisch und daher überwindbar. Auf diese Frage gibt die christliche Botschaft jene seltsame, beunruhigende, zum Protest reizende und doch mit so geheimnisvoller Hoffnung berührende Antwort, von der zu Beginn die Rede war.

Der Tod und die Sünde

Die christliche Lehre sagt, der Tod sei für den Menschen weder selbstverständlich noch wesensnotwendig, vielmehr die Folge von etwas, was nicht sein durfte und vermieden werden konnte. Diese Lehre kommt in den bereits angeführten Stellen des Römerbriefes und der Genesis zum Ausdruck. Wir geben ihren Kern wohl am genauesten so wieder, daß wir sagen: Der Tod des Menschen ist kein Bestandteil seines Wesens, sondern die Folge einer Tat. Er hat keinen »natürlichen«, sondern einen »geschichtlichen« Charakter.

Diese Lehre setzt ein Menschenbild voraus, dessen Wesen nicht mit Hilfe des Naturbegriffs allein ausgedrückt werden kann.[2] Beim Tier kann man es. Jedes Tier hat »eine Natur«, die alles zu seinem Wesen Gehörige enthält und nach deren Gesetz sich die Gestalt seines Wachsens, Heranreifens, Absinkens und Sterbens als ein in sich geschlossenes Ganzes entfaltet. Nicht so beim Menschen. Dessen Dasein erfüllt sich nicht in der Entfaltung und Vollendung einer »Natur«, sondern im Vollzug einer »Geschichte«, indem er dem Seienden außer ihm begegnet, Stellung nimmt, wagt, handelt und schafft. In dieser Begegnung bestimmt sich jeweils sein eigenes Sein. Die »Natur« des Menschen ist ebensoviel Ergebnis wie Voraussetzung der Begegnung. Ihr Ganzes steht nicht am Anfang, sondern am Schluß. Die Gestalt des menschlichen Daseins wächst nicht aus sich selbst heraus, um schließlich, endend, in sich zurückzukehren; das Bild, das ihren Charakter ausdrückt, ist nicht der Kreis, der sich in sich selber schließt, sondern der Bogen, der sich auf ein Entgegentretendes hinüberrichtet. Wiederum aber nicht nur so, wie das auch beim Tier der Fall ist, das ja in einem Wechselverhältnis zu den umgebenden Dingen lebt. Diese sind nur seine Umwelt, seine ausgeweitete Sondergestalt – falls man

[2] Zum Ganzen: Guardini, »Welt und Person. Versuche zur christlichen Lehre vom Menschen«, Werkbund Verlag, Würzburg [5]1962 (jetzt: Romano Guardini Werke, Mainz/Paderborn 1988).

nicht sagen muß, jene Gestalt, um die es sich eigentlich handelt, sei ein Ganzes, gebildet aus Sonderwesen und Umwelt. Jedenfalls ist dieses Ganze von vornherein bestimmt, naturhaft; der Mensch hingegen hat echte Anfangskraft. Er ist Herr seiner Tat und in einer sonst nirgendwo möglichen Weise ins Offene gestellt. Er allein ist der Begegnung fähig; ja er vollendet sich immerfort aus ihr.
Die entscheidende Begegnung aber ist die mit Gott, weil Gott der eigentliche Wirkliche und wesenhaft Gültige ist. Erst in dieser Begegnung, und wenn er sie richtig lebt, wird der Mensch zu jenem Wesen, als das sein Schöpfer ihn gewollt hat.

Nach der Lehre der Schrift war der Mensch in hoher Vollkommenheit geschaffen, mit dieser Vollkommenheit aber in eine Probe gestellt. Das Paradies, von dem die Schrift erzählt, bildet den Ausdruck jener Vollkommenheit; der Baum im Paradiese ist die Gestalt der Probe. Am Verbot, von seinen Früchten zu essen, sollte sich entscheiden, ob der Mensch bereit sei, den Bogen seines Daseins in Gehorsam und Kühnheit zu Gott hinüberzurichten. Hätte er die Prüfung bestanden, hätte er im Gehorsam und in der Großgesinntheit des Glaubens auf Gottes Gebot hinübergelebt, dann wäre der Tod nicht in sein Dasein gekommen.
Das ist eine Lehre, vor der es sich entscheidet, wie der Mensch zur Offenbarung steht: ob er in ihr nur etwas Unbestimmtes, religiös Tröstendes und sittlich Erbauendes sieht, oder aber ihren umstürzenden Ernst erkennt. Die ersten Worte der Verkündung Jesu lauten: »Das Himmelreich ist nahe herangekommen. Sinnet um und glaubet der frohen Botschaft.« (Mt 1, 17) Die Mahnung, »umzusinnen«, sich zu bekehren,

wird – und zunächst mit Recht – sittlich verstanden: der Hörende soll sich vom Bösen weg- und dem Guten zukehren; den eigenen verdorbenen Willen aufgeben und dem heiligen Willen Gottes gehorchen. Damit fängt aber die Umkehr erst an. Von da aus soll sie sich auf das ganze Leben erstrecken, auch auf das Leben des Verstandes. Auch dieser soll umkehren, umdenken. Der Mensch soll erkennen, daß er sein Bild von der Welt und von sich selbst aus dem Eigenwillen heraus gebaut hat. Er soll die Offenbarung als das sehen, was sie ist: daß in ihr Gott, der größer ist als die Welt, ja allein in Wahrheit seiend und gültig, sich dem Menschen gegenüber aufrichtet und ihn in einen Zusammenhang ruft, der über alles hinausgeht, was von ihm selbst oder der Welt her möglich ist. Das zu erkennen und anzunehmen, ist der Glaube. Von da aus entsteht ein neues Bild des Daseins, und sich in das hineinzugewöhnen, ist die Bekehrung des Geistes. Zu ihm gehört auch ein neues Bild vom Menschen. Danach ist er kein Lebewesen wie die anderen sonst, in seiner Natur begründet und beschlossen, sondern hat ein Dasein eigener Art, das sich auf Gott hin und von Ihm her verwirklicht. Und da etwas, je höher es im Range steigt, um so mehr gefährdet ist, war dieses menschliche Dasein bis auf den Grund ins Spiel gestellt.

Der Mensch hat sich in der Probe nicht bewährt. Er hat den Bogen nicht hinüberwerfen wollen. Er hat »sein wollen wie Gott«, das heißt aber, aus sich heraus und zu sich selber hin bestehend. So ist der Bogen zerbrochen, und der Ausdruck dieses Zerbrechens war der Tod.

Auch wenn der Mensch nicht gesündigt hätte, wäre sein Leben zu Ende gegangen, denn es gehörte ja der

Zeit an; dieses Ende wäre aber nicht der Tod gewesen, wie wir ihn kennen. Wir wissen nicht, wie es sich gestaltet hätte, denn es ist ja nicht wirklich geworden. So können wir nur sagen, daß es ein Ende gewesen wäre, das zugleich Beginn war, ein Überschritt, eine Verwandlung.

Daß aber der erste Mensch sündigte und die große Möglichkeit seines Daseins verlor, wurde bestimmend für alle. Darin liegt keine Ungerechtigkeit, wie der Individualismus meint. Heute, da wir die Zusammenhänge, in denen der Einzelne steht, tiefer zu empfinden beginnen, sehen wir das besser. Jener Erste war nicht bloß die Anfangsziffer der Menschenreihe, sondern der Ahne des Geschlechts; so trug er das Ganze in sich, und seine Entscheidung bestimmte dessen Schicksal. Mit seiner Tat begann die Geschichte des Menschen. Sie steht unter der Sünde und unter dem Tod, wie Paulus sagt: »Durch den einen Menschen ist die Sünde in die Welt gekommen und durch die Sünde der Tod, und so hat sich der Tod auf alle Menschen ausgebreitet, weil [in jenem ersten] alle gesündigt haben.«[3]

Der Tod und die Erlösung

Das ist die Antwort des Christentums auf die Frage nach dem Tode; kühn, beunruhigend, zum Widerspruch reizend. Um sie anzunehmen, bedarf es wirk-

[3] Vgl. dazu und zum Folgenden: »Der Anfang aller Dinge. Meditationen über Genesis, Kapitel I–III«, Würzburg ^{2}1965, besonderes S. 86ff (jetzt: Der Anfang aller Dinge. Weisheit der Psalmen, Romano Guardini Werke, Mainz/Paderborn 1987, S. 79ff).

lich einer Bekehrung des Geistes; geschieht das aber, nimmt der Geist sie an, dann fällt aus ihr ein Licht auch auf das natürliche Dasein. Die Offenbarung kommt aus Gott und muß im Glauben empfangen werden; dann aber erhellt sie auch, was vor Augen liegt. Erfahrungen, die nicht ins Klare gelangen; Erkenntnisse, die in der Selbstdeutung der Welt nicht aufgehen konnten, kommen nun zu ihrem Recht. Der neuzeitlich gewöhnte Verstand antwortet auf die Lehre, der Tod brauche nicht zu sein, zunächst mit Verwunderung oder Spott. Das ist aber nur die erste Antwort; wenn sein Wahrheitsgewissen wach ist, dann gesteht es zu, selbst schon Ähnliches empfunden zu haben.

Es gibt nämlich im Menschen den Protest gegen den Tod. Der bedeutet nicht nur jene Gegenwehr des Lebens, die sich auch beim Tier findet, sondern den Einspruch des Geistes, er könne den Sinn des Todes nicht einsehen und daher dessen Tatsache nicht annehmen. Der Protest bedeutet auch nicht, daß der Mensch sich Illusionen über die bestehenden biologischen oder sonstigen Notwendigkeiten machte, sondern daß er empfindet, der ganze Stand der Dinge, wonach der Tod eintreten muß, sei nicht in Ordnung. Ebenso wenig bedeutet der Protest Feigheit oder Mangel an Bereitschaft, wenn nötig, sein Leben einzusetzen. Der Mensch kann tapfer und zu jedem Opfer, auch dem des Lebens, bereit sein; dennoch muß er den Einspruch gegen den Tod als solchen aufrechterhalten.

Man hört wohl sagen und liest bei Dichtern, ein Mensch habe sich ruhig, oder trunken, oder erhaben, jedenfalls aber zuinnerst einverstanden in den Tod hineingegeben. Wer wirklich etwas vom Leben und Sterben weiß, widerspricht. Es gibt das gefaßte, das tapfere, das befriedete, das begeisterte Sterben, sicherlich. Den Tod würdig zu bestehen, gehört zu den wichtigsten Aufgaben, die dem Menschen gestellt sind. Für eine große Sache oder für einen geliebten Menschen sein Leben zu opfern, drückt einen letzten Adel aus. Worum es hier geht, ist aber etwas anderes, nämlich: ob der Tod mit klarer Einsicht und verantwortetem Urteil als in sich sinnvoll bejaht werden könne? Das ist nicht der Fall. Das Brot ist in sich sinnvoll, das Licht, die Wahrheit, die Liebe – der Tod des Menschen nicht.

Das Christentum weiß, daß der Tod an sich und als solcher – nicht das Ende – keinen eigenen Sinn hat, und rechtfertigt den Einspruch gegen ihn. Zugleich erkennt es aber auch seine Wirklichkeit und gibt ihm seine volle Härte. Es lehnt alle Versuche ab, diese Härte durch die Dionysik des Lebens, oder durch die Hoheit der Güter, für welche das Leben geopfert werden kann, zu verschleiern. Der Tod ist weder »der trauliche Einfall der Erde«, die R. M. Rilke, noch die Gipfelung des Lebens, die Hölderlin in ihm sieht, noch irgend etwas der Art sonst, sondern das harte Ende. Er kommt nicht aus der inneren Notwendigkeit des menschlichen Daseins, sondern aus der Sünde – der Sünde aller, welche auch die jedes Einzelnen ist – und rechtes Sterben bedeutet, sich dieser Tatsache zu stellen und die Rechnung zu Ende zu führen.

Das ist das Erste. Das Christentum weiß aber noch etwas anderes. Der Römerbrief sagt im gleichen bereits angeführten Kapitel: »Denn wenn durch den Fall des Einen der Tod als König geherrscht hat eben durch jenen Einen, dann werden um vieles mehr jene, welche das Übermaß der Gnade und der Gerechtigkeit empfangen, [nun selbst] als Könige herrschen im Leben [wiederum] durch den Einen, [nämlich] Jesus Christus. Wie es durch den einen Fall für alle Menschen zur Verdammnis [und zum Tode] kommt, so durch die Rechttat für alle Menschen zur Gerechtsprechung im Leben. Denn wie durch den Ungehorsam des einen Menschen die Vielen als Sünder hingestellt wurden, so werden auch durch den Gehorsam des Einen die Vielen als gerecht hingestellt sein.« (5,17–19)

Mit dem Tode ist etwas vorsichgegangen, als Christus ihn starb. Er ist so wirklich und hart gestorben wie kein Mensch sonst; denn der Tod wird um so mehr Tod, je höher das Leben steht, dem er das Ende setzt. Christus ist gestorben wie kein Mensch, weil er in einer Lebendigkeit und Klarheit gelebt hat, in die kein bloßer Mensch gelangt. Das ist wahr; wahr ist aber auch, daß Jesus, so oft er von seinem Tode spricht, hinzusagt, er werde auferstehen, so auf dem letzten Wege nach Jerusalem: »Von da an begann Jesus seine Jünger zu lehren, er müsse nach Jerusalem gehen und viel leiden von den Ältesten und Hohenpriestern und Schriftgelehrten, und getötet werden und am dritten Tage auferstehen.« (Mt 16, 21) Jenen Tod, der aus der Sünde folgen müßte, wenn es bei dieser Konsequenz allein bliebe, den bloßen Tod, gibt es im Lebensbewußtsein Jesu nicht. Der seinige war der Schritt, durch welchen sein Leben aus der Zeit in die Ewigkeit ging. Und nicht nur seine Seele, sondern sein ganzes menschliches Sein, denn nachdem Er gestorben, stand Er zu neuem Leben auf.

Das Wort von der Auferstehung ist dem neuzeitlichen Gefühl genau so fremd wie das, der Tod sei nicht notwendig gewesen. Es findet sich wohl in unserer Sprache als Erbe früherer Gläubigkeit, hat aber einen anderen Sinn angenommen. Wenn die Umgangssprache von »Auferstehung« redet, meint sie das, was geschieht, wenn sich im Frühjahr nach der Erstarrung des Winters überall wieder das Leben rührt; oder wenn in einem Menschen nach innerem Stillstand wieder ein neuer Antrieb erwacht. Für sie ist »Auferstehung« ein Moment im Rhythmus des Gesamtlebens, der Aufstieg nach voraufgehendem Tiefstand. Die christliche Lehre von der Auferstehung Christi und durch ihn des erlösten Menschen hat mit solchen Dingen nichts zu tun. Sie hat einen ganz anderen, genaueren und unerhörten Sinn. Sie sagt, daß Christus, nachdem Er gestorben, sich in der Herrenmacht des Lebendigen Gottes zu neuem, und zwar menschlichem Leben erhoben hat. Nicht nur, daß seine Seele unsterblich war und in der Ewigkeit göttlichen Glanz empfing; auch nicht nur, daß sein Bild und seine Botschaft zu einer lebenschaffenden Kraft in den Herzen derer wurde, die an ihn glaubten –, sondern daß sein Leib, nachdem er gestorben, wieder, und nun in höherer Weise, lebendig wurde; seine Seele in der Kraft des Heiligen Geistes den Körper durchdrang und verwandelte; Er in der Fülle seines gottmenschlichen Seins zur ewigen Herrlichkeit einging. Und zwar ist diese Lehre kein sagenhaft verherrlichender Ausklang, keine spätere mythische Hinterbauung eines an sich bloß menschlich verlaufenen Lebens, sondern durchaus ursprünglich. Im Ganzen des Evangeliums ist die Botschaft von Christi Auferstehung ebenso wesentlich wie die von seinem erlösenden Tode; die

Tatsache, daß Er auferstanden ist, ebenso wesentlich wie jene, daß Er überhaupt gelebt hat. Paulus läßt darüber keinen Zweifel: »Wenn Christus nicht auferstanden ist, dann ist leer unsere Verkündung und leer euer Glaube... Wenn Christus nicht auferstanden ist [und durch ihn auch wir auferstehen]... wenn wir nichts haben, als dieses [irdische] Leben und in ihm die Hoffnung auf Christus, dann sind wir armseliger daran als alle Menschen.« (1 Kor 15, 14–19) Ohne die Auferstehung Christi gibt es kein Christentum. Ohne die Auferstehung wird aus dem Christentum etwas, was denjenigen, der den Ernst der Konsequenz hat, »armseliger als alle Menschen« sonst macht.

Durch Christi Sterben und Auferstehen ist mit dem Tod überhaupt etwas vorsichgegangen: er hat aufgehört, der bloße Tod, die bloße Vollstreckung der Gerechtigkeit Gottes, das harte Ende zu sein, hinter welchem nur noch eine »Unzerstörbarkeit der Seele« steht. Christi Tod hat ihm einen anderen Charakter gegeben, der ihn zwar nicht der Gestalt, aber dem Sinn nach wieder zu dem macht, was das Ende des ersten Menschen hätte sein sollen: zum Übergang in ein neues, ewigmenschliches Leben.

Christi Tod wurde um unseretwillen erlitten und steht seitdem als Tatsache – zusammen mit der Menschwerdung und der Auferstehung als die Tatsache schlechthin – in der Welt, ob diese will oder nicht. An diese alles wendende Tatsache kann der Mensch glauben, das heißt, er kann an ihr teilhaben. Sie ist seine Erlösung: »Tod, wo ist dein Sieg? Tod, wo ist dein Stachel?« ruft Paulus aus (1 Kor 15, 55). Der »Stachel« ist der Charakter, den der Tod hat, wenn er nichts ist als die Konsequenz aus der Sünde, das bloße Ende. Dieser Charakter ist, objektiv und für Alle, Aufgehoben; und er kann für jeden Einzelnen aufgehoben werden, wenn dieser in die Glaubensgemeinschaft mit Christus eintritt. Der gleiche Brief sagt: »Nun ist aber Christus auferstanden von den Toten, Erstling aus allen denen, die entschlafen sind. Wie durch einen Menschen der Tod gekommen ist, so auch durch einen Menschen die Auferstehung der Toten. Denn wie in Adam alle sterben, so werden in Christus alle lebendig werden.« (1 Kor 15, 20–22) Und der Römerbrief, noch tiefer in das Geheimnis eindringend: »Oder wißt ihr nicht, daß wir alle, so viele wir auf Christus getauft sind, auf seinen Tod getauft sind? Also sind wir mit Ihm begraben worden, durch die Taufe auf den Tod, damit, wie Christus auferweckt wurde von den Toten durch die Herrlichkeit des Vaters, so auch wir im neuen Stande des Lebens wandeln sollen.« (6, 3–4) Schon jetzt, sofern das neue, Leib und Seele umfassende Leben bereits durch Glaube und Taufe in uns erwacht; einst offen und ganz, wenn es in der Auferstehung beherrschend durchbricht.

Hier hat sich etwas von Grund auf verändert. Damit ist nicht gemeint, es sei ein Heilmittel gegen den Tod gefunden worden; das wäre Zauberei. Ebensowenig, eine neue Ethik des Sterbens sei errungen worden; das wäre nur ein Fortschritt zu höherer menschlicher Haltung. Die Wirklichkeit des Todes bleibt; sie ist aber in einen neuen Zusammenhang des Lebens hineingenommen und zum Durchgang in ein neues, göttlich erfülltes, ewig-menschliches Leben gemacht worden, denn nun steht auch hinter unserem Sterben die Auferstehung.

Was ist also, christlich gesehen, der Tod?
Wer stirbt, erfährt die letzte Folge der Sünde. Er tritt unter die volle Verantwortung für das Tun des Menschen, nimmt Wahrheit und Gericht auf sich. Aber nicht bloß und verzweifelt, sondern aufgenommen in die durch die Liebe Gottes gewirkte Erlösung. Nun ist der Tod nicht mehr nur das Dunkel-Furchtbare, welches die Sünde zu ihrer letzten Konsequenz bringt; er läßt vielmehr den Menschen an der Verwandlung teilnehmen, mit welcher Gottes Großmut das Ende zu einem neuen Beginn gemacht hat, und wird Durchgang zum neuen Leben.
Der Bogen, von dem wir sprachen, ist nun wieder da. In Christus besteht das Menschenwesen wieder zu Gott hinüber und von Gott her. Ja, nicht nur »wieder«, sondern in einer neuen, ungeheuren Weise, nämlich in der Weise der Menschwerdung von Gottes Sohn. An dieser Weise sollen im Glauben auch wir Anteil haben; nicht aus eigenem Sein und Recht, sondern aus Gnade. Aber wirklich; sagt doch Paulus immer wieder, das christliche Dasein sei ein Leben Christi im Menschen und des Menschen in Christus. In Ihm hebt sich auch für jeden von uns der Bogen wieder hinüber; der Tod aber ist das Dunkel, durch welches der Bogen geht.

Das neue Leben, das nach ihm kommen soll, ist nicht die bloße Fortdauer der Seele, die geistig und daher unzerstörbar ist. Dann wäre der Tod das, was schon Platon von ihm gedacht hat: die Befreiung von den Grenzen und Lasten des Körpers zur Freiheit rein geistigen Daseins. Was Christus errungen und verkündet hat, bedeutet etwas anderes, von göttlicher Größe und unserem Innersten tief vertraut zugleich: die Rettung nicht nur der Seele, sondern des Menschen; die Neuwerdung des Menschen aus der schöpferischen Macht Gottes. Der Tod aber gewährleistet den Ernst dieser Rettung und Neuwerdung, denn ohne ihn wäre der Inhalt der Botschaft Phantasie. Christi Tod ist die Weise, wie Er die Neuwerdung in der Wirklichkeit des Seins begründet hat; unser Tod die Weise, wie wir ihrer in Redlichkeit teilhaftig werden.

Das neue Leben, das nun nach dem Tode kommen soll, ist nicht die Verlängerung des irdischen Lebens in den Bereich der Jenseitigkeit hinüber; keine bloße Erfüllung des ursprünglichen Lebenswillens. Dann wäre der Tod nur ein Durchbruch aus einer Lebensform in die andere, eine Verwandlung kraft des inneren, ihn bestimmenden Wesensgesetzes – von der Art etwa wie der Vorgang, durch welchen der Falter aus der zerfallenden Puppe schlüpft. Was Christus erwirkt und verkündet hat, ist nicht Wesensnotwendigkeit, sondern Gnade. Das neue Dasein kommt als Gabe aus Gottes freier Schöpfertat; ebendamit aber auch als Erfüllung des Menschen, dessen Geheimnis ja darin besteht, im letzten nicht aus dem Gesetz, sondern aus der Begegnung mit Gott und dessen liebender Freiheit zu bestehen. Der Tod aber ist die harte Schranke, welche diese Liebesfreiheit von aller spielenden Willkür scheidet. Der Tod Christi ist der Ernst des liebenden Gottes; unser Tod der Ernst des Menschen, der von Gott geliebt wird.

Das neue Leben, das nach dem Tode kommen soll, wurzelt in der persönlichen Beziehung zu Christus. Der Unterschied ist schwer auszudrücken. Begriffe

und Worte müssen in einen neuen Charakter übergehen. Was »auf der anderen Seite« des Todes steht, bildet keine Überhöhung von dem »auf dieser Seite«; kein einfaches Aufleuchten ewigen Sinnes, kein Sich-Öffnen und -Mitteilen der Gottestiefe, oder dergleichen, sondern es ist ganz von der Person Christi getragen. Das ewige Leben ist ein Mitvollzug seines Lebens, zu dem Er durch seinen Tod eingegangen ist. Daß Er uns liebt und uns in seine Liebe hereinruft, macht das ewige Leben möglich. Daß Er uns die Gemeinschaft der Liebe schenkt, gibt und erhält jenes Leben. Er hat in der Liebe der Erlösung unser Schicksal auf sich genommen; in der gleichen Liebe gibt Er uns Anteil am seinigen. Im Geheimnis des Glaubens und der Wiedergeburt treten wir in den Mitvollzug des Lebens, Sterbens und Auferstehens Christi ein.
So ist der Tod das letzte Wagnis, an Christi Hand, in die große Verheißung hinüber. In all der Bedrängnis und Zerstörung, in all der Hilflosigkeit und Qual, die das Sterben bedeuten kann, ist das Sterben Christi enthalten – das aber ist die uns zugewendete Seite jenes Ganzen, dessen andere Seite Auferstehung heißt.

Die Läuterung nach dem Tode

Die Lehre der Kirche

Der Tod endet die Zeit des Wollens und Handelns. Das gelebte Leben trägt die vollzogene Entscheidung und was aus ihr an Tat und Werk hervorgegangen ist, in sich. Der Mensch tritt aus der Verschlossenheit des irdischen Daseins vor Gottes Angesicht und erfährt Sein Gericht.

Gott ist gut. Ja Er ist selbst das Gute. Das Gute ist kein Wertmaßstab, der über allem, und also auch über Gott stünde, sondern nur ein Name für Ihn. Wie der reiche Jüngling zu Jesus kommt und Ihn »guter Meister« anredet, antwortet Er: »Was nennst du mich gut? Keiner ist gut, als der eine Gott.« (Mk 10, 18) Das Gute ist einfachhin Gott, und die Forderung des Guten Sein lebendiger Wille. Dieser Wille wendet sich an uns und verlangt, vollbracht zu werden.

Er wird auch durch die stumme Natur vollbracht, aber mit Notwendigkeit, denn für sie drückt er sich in den Gesetzen aus, nach denen sie besteht. Soweit der Mensch Natur ist, geschieht das auch in ihm; darüber hinaus ist er aber Person, und der Gutheitswille Gottes wendet sich an diese und fordert, daß sie ihn in Freiheit vollbringe. So darf der heilige Wille für sie nicht zur Gewalt werden. Er gilt unbedingt, läßt aber den Raum der Wahl offen. Er verpflichtet, zwingt aber nicht. Gottes guter Wille steht in seltsamer Weise in der Welt. Er ist das Höchste, das Heiligste, das Ein-und-Alles, und der ganze Sinn der Welt hängt daran, daß er vollbracht werde. Gott will, daß er vollbracht werde, will es mit ewigem Ernst und ist allmächtig. Dennoch kann Er diese Vollbringung nicht erzwingen, weil sie nur in Freiheit geschehen kann. So ist der Herr der Welt im Raum ihrer Geschichte geheimnisvoll schwach. Er kann nur gebieten, fordern, mahnen, liebend drängen, daß der Mensch die Wahrheit erkenne und tue, wovon sein Heil abhängt; im übrigen »muß« Er der Freiheit Raum geben.

Nach dem Tode wird das anders. Die Verschlossenheit der Geschichte öffnet sich. Die Möglichkeit des Ja und Nein hört auf. Geschehen und Handeln sind zu Ende. Gott tritt dem Menschen in seinem heiligen Ur-Sein entgegen. Die Hoheit des Guten ist in Ihm eins mit der Unwiderstehbarkeit der Macht. Er will mit göttlichem Ernst, daß das Gute geschehe; so wird sein Blick auf den Menschen zum Urteil, das Urteil aber zur Bedingung von dessen Wirklichkeit und zur Form seines ewigen Schicksals. Das alles heißt: Gott richtet.[4]

Das Urteil dieses Gerichts ist endgültig, denn es ist Wahrheit. Und zwar hat es im letzten nur zwei Formen: Annahme oder Verwerfung.
Der frühe Mensch hat das ohne weiteres verstanden, denn er wußte um den Unterschied zwischen dem, was endgültig ernst, und dem, was es nicht ist. Dem neuzeitlichen Menschen klingt die Lehre fremd und hart. Er hat sich gewöhnt, die Welt sehr ernst zu nehmen und für die Ordnung der irdischen Dinge die strengsten Maßstäbe aufzustellen; dafür sind ihm Ewigkeit und ewiges Schicksal unwichtig geworden. Sie sind in ein Halbdunkel zurückgewichen, das er

[4] Dazu Guardini, »Freiheit, Gnade, Schicksal. Drei Kapitel zur Deutung des Daseins«, München [4]1956, S. 243ff.

selbst gern als Ehrfurcht bezeichnet; richtiger würde er es Gleichgültigkeit und Feigheit nennen. Es macht ganz ratlos, wenn man bei irgendeiner Gelegenheit plötzlich sieht, was der neuzeitliche Mensch ernst und was er lässig nimmt. Manchmal scheint es, als wögen die Dinge ihm um so leichter, je mehr sie sich dem Kern seines Daseins nähern. Die Offenbarung sagt: Unser so unzulängliches Leben hat absoluten Sinn, und die Handlungen der Erde entscheiden über ewiges Dasein. Das kommt in der Lehre zum Ausdruck, daß der Spruch des Gerichts auf Erfüllung oder Verlorenheit geht.

Ist aber damit über das, was nach dem Tode folgt, alles gesagt? Es wäre der Fall, wenn das Leben des betreffenden Menschen einfachhin im Guten oder im Bösen aufginge. So ist es aber nicht. Jeder Mensch ist eine weiträumige Welt, in welcher Gutes und Böses nebeneinander liegen. Er geht einen langen Weg, auf welchem Rechtes und Unrechtes einander folgen.
Dieses Gute und Böse, Rechte und Unrechte kann aber nicht reinlich getrennt werden, sondern durchdringt sich wechselseitig, an jeder Stelle und bis in die tiefsten Wurzeln. Es vollzieht sich nicht jeweils in gesonderten Zeiten, sondern was jetzt ist, trägt das Gewesene in sich und lebt im Folgenden weiter. Auch tut der Mensch das Gute nicht vollständig und vollkommen, sondern so, daß er strebt, nahekommt und wieder zurückbleibt; daß er kämpft, überwindet, unterliegt und wieder neu beginnt. Sein Tun hat einen schwankenden und widerspruchsvollen Charakter – wie kann er da unter ein ewiges Ja oder Nein gestellt werden? Gott ist der Unbedingte, aber auch der Gerechte; und gerecht nicht gegen Prinzipien, sondern

gegen den lebendigen Menschen. Seine Wahrheit wäre verletzt, wenn er ein verhülltes Böses entschlüpfen ließe; aber auch, wenn er einem unentfalteten oder beeinträchtigten Guten das Recht verweigerte. Das ist ja das Ungeheure an Gottes Gericht, daß es wirklich Gerechtigkeit schafft – was bedeutet das aber, wenn sein Spruch das verworrene Menschendasein unter ein endgültiges Entweder-Oder bringt?

Die Kirche lehrt, daß Gottes Gericht zwar in seiner Grundentscheidung endgültig sein, dem unfertigen und verworrenen Menschendasein aber die Möglichkeit der Bereinigung geben wird. Die Zeit wird, wenn man sich so ausdrücken darf, noch so lange in die Ewigkeit hineinreichen, als nötig ist, um der wirklichen Gerechtigkeit Genüge zu tun. Der Mensch, dessen Gesinnung von Gott angenommen ist, dessen Lebensganzes aber noch Böses enthält, wird geläutert, damit er in einen der Ewigkeit fähigen Zustand gelange.

Die Kirche stützt diese Lehre auf Äußerungen der Schrift. So auf die Stelle im zweiten Makkabäerbuch 12, 43–45, wo von Fürbitten und Opfern für die Gefallenen die Rede ist, damit sie von ihren Sünden befreit würden; auf das Wort Jesu, das von einer Vergebung in dieser und in der anderen Welt spricht (Mt 12, 31–32); auf sein Gleichnis vom Schuldgefängnis, aus dem nur entlassen wird, wer alles bezahlt hat (Mt 18, 34); auf die Stelle im ersten Korintherbrief 3, 11–15, wo gesagt ist, der Mensch, der auf Erden falsch gehandelt habe, werde nur wie durch Feuer hindurch ins ewige Leben gelangen, und andere mehr. Doch die hauptsächlichste Wurzel der kirchlichen Lehre liegt im Selbstverständnis des christlichen Da-

seins. Es weiß, wenn Gott Der ist, als den Er sich geoffenbart hat, der Mensch aber jener, als den ihn die tägliche Erfahrung zeigt, muß der Verworrenheit dieses Menschenwesens Genüge geschehen.
Der Glaube an die Läuterung nach dem Tode kommt besonders im kirchlichen Frömmigkeitsleben zum Ausdruck. Schon sehr früh wird bei der heiligen Messe der Toten gedacht und Gott gebeten, Er möge sie in seine Gemeinschaft aufnehmen.[5] Diese Bitte,

[5] Eine Bemerkung zu der ganzen Frömmigkeitswelt, die aus der Sorge für die Heimgegangenen erwächst: Das gläubige Volk – womit jene Schichten und Einzelne gemeint sind, die sich noch nicht durch die Unruhe des Verstandes und die Unrast des Willens von den Wurzeln losgelöst haben – weiß sich mit seinen Toten tief verbunden. Der Name, mit dem es sie benennt, »die armen Seelen«, drückt innige Nähe und liebende Sorge aus. Diese Sorge nimmt in seiner Frömmigkeit einen breiten Raum ein, und wenn sie verschwände, würde es etwas Ähnliches bedeuten, wie wenn der Bauer vom Acker weg in die Stadt zieht. Der Gebildete hingegen – das Wort soll nichts Geringschätzendes an sich haben; es meint eine Wirklichkeit und ein Schicksal – hat jene Sorge für die Toten verloren, und so manche Anschauungen und Bräuche des Volkes befremden ihn. Das darf nicht mit der Feststellung abgetan werden, er habe keine Glaubenskraft mehr. Das Beten des Volkes für die armen Seelen ist nicht nur »Glaube« im christlichen Sinne, sondern in ihm lebt auch die Bindung des erdnahen Menschen an das Totenreich fort. Diese zu haben, hängt aber nicht vom Willen des Einzelnen, sondern davon ab, wieweit er noch in den ursprünglichen Zusammenhängen lebt. Es darf auch nicht vergessen werden, daß sie zwar dem Dasein eine große Tiefe gibt, es aber auch bedroht; hat es doch Zeiten gegeben, in welchen für das Bewußtsein des Menschen die Toten mächtiger waren als die Lebendigen. Der Gebildete hat sie nicht mehr; so sind die Toten für sein Gefühl nicht ohne weiteres wirklich. Das Sterben ist für ihn ein biologischer und wiederum ein personaler Vorgang geworden, der sein Geheimnis weithin verloren hat; infolgedessen wird sein Verhältnis zu den Toten nicht von den Urgründen der Seele, sondern vom Geist und Herzen her bestimmt, und er empfindet die Sorge für sie mitsamt den Bildern und Bräuchen, die sich an sie knüpfen, leicht als etwas Fremdes.
Die Beziehung zu den Toten war auch immer ein Raum, in wel-

ebenso wie andere Ausdrucksformen einer Sorge um die Heimgegangenen, setzen voraus, daß diese zwar vom göttlichen Richter angenommen, aber selbst noch in einem Zwischenzustand seien.

chem Empfindungen unmittelbar triebhafter, zuweilen recht dunkler Art hochkamen. Der Tod ist ja nicht nur erhaben, sondern auch zerstörend. So ruft er im Menschen nicht nur Ernstes, sondern auch Fragwürdiges an; und in das Mitgefühl, das auf die Kunde von den Läuterungsleiden des Jenseits antwortet, mischt sich nicht selten auch Ungutes. Man sieht es, wenn man etwa die Weise, wie das frühe Christentum von den Toten sprach, mit jener vergleicht, die sich im Mittelalter und in der folgenden Zeit durchgesetzt hat. Die frühen Vorstellungen sind ganz geistiger und geistlicher Art; von den Bildern des Lichtes und des Friedens, von dem Gedanken an die Geburt ins ewige Leben, an den Sieg Christi über Hölle und Tod und an das Gericht des wahrhaftigen Gottes beherrscht. Später drängen sich die Bilder des Leidens vor. Geistliche Beredsamkeit und religiöses Schrifttum schildern es mit allen Mitteln der Phantasie, um das Mitleid zu wecken. In diesem Gefühl lebt aber die ganze Widersprüchlichkeit des Menschen, Reines wie Zweifelhaftes. So ist auch manches Sentimentale, Sensationshafte und noch tiefer Fragwürdige eingedrungen. Das muß dem Gebildeten – eben weil ihm jene unmittelbare Verbundenheit fehlt – besonders deutlich zum Bewußtsein kommen und ihm den ganzen Gedanken- und Gefühlskreis fragwürdig machen.
Nun ist aber die Sorge für die Toten ein wichtiger Bestandteil des liturgischen und überhaupt des christlichen Lebens; so kann er sie nicht einfachhin auf sich beruhen lassen oder gar ablehnen, sondern muß zu verstehen suchen, worum es dabei geht. Vielleicht öffnet das Folgende uns vom Reich der Tiefe Abgelösten einen Zugang zum Verständnis.
Vgl. zum Ganzen auch: Das Fegfeuer, in: Guardini, »Glaubenserkenntnis. Versuche zur Unterscheidung und Vertiefung«, Würzburg 1950 (jetzt: Freiburg 1983).

Die Gesinnung

Nehmen wir die Gedankengänge des ersten Abschnitts noch einmal und von einem neuen Ausgangspunkt her auf.

Die Offenbarung verheißt, der erlöste Mensch solle einst in die Gemeinschaft Gottes eingehen. Durch die Begegnung mit Christus, durch Gnade und Glaube wird in ihm das neue Leben geboren. Solange die Zeit währt, bleibt es verborgen; im Augenblick des Todes bricht es durch. »Ewig« der Art nach war es von Anfang an, sofern es Leben von Gott her war; dann wird es ewig auch seiner Verwirklichungsform nach, nämlich frei von der Zeit, reine Gegenwart. Nun kann aber nichts Böses zu Gott eingehen, denn Er ist der Heilige. Und nicht bloß der Reine und Gerechte und der Grund alles Guten, sondern Jener, der das Böse, Verdorbene, Niedrige haßt und von sich stößt. Wie ist es dann überhaupt möglich, daß der Mensch des neuen, heiligen Lebens teilhaftig werde? In der Schule des Glaubens hat er die Selbstsicherheit des »anständigen« oder »tüchtigen« oder »lebensfrohen« Menschen durchschaut und erkannt, daß sie ebenso oberflächlich wie geräuschvoll, und ebenso unecht wie überheblich ist. Er hat den Mut, wirklich sehen zu wollen, wie es mit ihm steht, und nicht nur in dem, was zutage liegt, sondern auch dahinter, darunter, ins Verborgene und Tiefe hinab. Er hat gelernt, nicht nur die Handlung, sondern auch ihre Beweggründe zu prüfen; und von diesen wiederum nicht nur das rasch Faßbare, sondern auch die Wurzeln und Eigentlichkeiten. Mühsame Überwindungen und schmerzliche Niederlagen, so manche vor Gott abgelegte Rechenschaft und darüber hinaus die beständige stille Mahnung im Innern haben ihm die Illusionen zerstört, mit denen sich gerade »gute« und »wertvolle« Menschen gern die Wahrheit verbergen. Und wenn er einmal so weit ist, die oberflächliche Zuversicht beiseitezutun, welche meint, »es werde schon alles gut werden«, dann fühlt er die Unmöglichkeit, so, wie er ist, zu Gott zu gelangen.

Nun sagt freilich der Glaube, der Mensch solle nicht aus Eigenem, sondern durch die Gnade zu Gott gelangen; für diese aber sei ihm die Erlösungstat Christi heilige Bürgschaft. Was ihn ins Neue hebt, ist »Vergebung«, das heißt aber jener Akt Gottes, der sich nicht auf das Gute, sondern gerade auf das Böse im Menschen richtet; das aus souveräner Liebe entspringende Sich-Herwenden und Lossprechen Gottes. In Ihm, in seiner Gesinntheit beruht das neue Rechtsein des Menschen. Das ist wahr; diese Vergebung und Rechtfertigung soll aber keinen Zauber, sondern Wirklichkeit bedeuten. Die Gerechtigkeit soll dem Menschen nicht nur zugesprochen, sondern zu eigen; sie soll nicht bloß über ihn gehängt, sondern mit ihm, mit seinem innersten Willen und Sein eins werden. So erwacht die Frage in neuer Form. Ist ihm diese Gerechtigkeit so zu eigen und sein Leben aus der Gnade so neu geworden, daß eine ewige und volle Gottesgemeinschaft möglich ist?

Was im Letzten Gut- und Böse-Sein eines Menschen bestimmt, ist seine Gesinnung. Die entspringt aus der Freiheit; jener geheimnisvollen Bewegbarkeit des Menschen, kraft derer er aus eigenem Anfang eine geistige Richtung einschlagen kann. »Gesinnung« ist ebendiese innere Richtung des Menschen; die Art, »wie er es meint« – wenn man nicht sagen will, sie sei der Richtungswille selbst, aus dem sich die Freiheit bestimmt; der »Sinn«, mit dem jener Anfang, welcher »Freiheit« heißt, anhebt, gut oder böse, aus Gott oder aus dem Eigenen, auf Gott zu oder von Ihm weg. Wenn die Gesinnung gut ist, gehört der Mensch zu Gott. Ebenso richtig, ja noch richtiger, aber »hart zu hören«, lautet der Satz: Wenn der Mensch zu Gott gehört, ist seine Gesinnung gut. So sagt denn auch das Loblied der Engel in Bethlehem, daß »die Menschen des Wohlgefallens den Frieden haben« (Lk 2, 14). »Wohlgefallen« aber bedeutet die Gnade, und »der Friede« wird jenen Menschen verkündet, die von ihr ergriffen sind; anderseits bedeutet es auch das gute Wollen, und die Preisung meint jene Menschen, deren Gesinnung sich Gott zuwendet, und die darin Gott gefallen. Beides geht geheimnisvoll und unscheidbar in eins.[6]

Wie ist aber, lebendig gesehen, die Gesinnung des Menschen? Wie stellt die Anfangskraft, in welcher sein Tun Wertrichtung nimmt, sich dar? Sie hat zunächst eine Form, die wir unmittelbar in uns selbst erfassen können, nämlich die Tatsache, daß wir es bewußterweise so oder so meinen. Die können wir ein-

[6] Das soll für alles Folgende gesagt sein. Wir werden also nicht mehr besonders darauf achten, daß alles, was »für Gottes Reich taugt«, aus der Gnade kommt, zugleich aber und ebendadurch die Tat des Menschen bildet, mit welcher er in eigenster Personalität vor Gott steht, vielmehr das Ganze so nehmen, wie es sich der inneren Erfahrung darbietet. Wir fassen also in dem lebendigen Ganzen, das die Namen »Rechtfertigung«, »Heiligung«, »neues Leben« trägt, ein Moment ins Auge, nämlich das menschliche: was heißt das, vom Menschen her gesehen, gut zu werden? »Vollkommen, wie der Vater im Himmel vollkommen ist« nach der Forderung der Bergpredigt (Mt 5, 48)? Worin besteht der Ernst dieses Vollkommen-werdens?

fachhin beurteilen und verantworten. Damit erschöpft sich aber das Ganze noch nicht. Setzen wir den Fall, wir »richten« unsere Gesinnung; etwa wenn wir aus irgendeinem Anlaß feststellen, daß in unserem Leben allerlei nicht stimmt. Wir prüfen uns, verurteilen das falsch Getane, entschließen uns zum Guten, haben aber vielleicht darunter das beunruhigende Gefühl: »ich werde es doch wieder tun«. Soweit wir die Gesinnung in der Hand haben, ist sie gut; darunter aber sitzen offenbar Vorbehalte, die wir zwar im Augenblick nicht aufarbeiten können, doch für die wir uns verantwortlich fühlen. In dem Ganzen, das »Gesinnung« heißt, liegen also verschiedene Schichten, und die sittliche Arbeit besteht darin, das Widerstrebende vom Beherrschten und Geordneten aus zu durchdringen. Sobald also »Gesinnung« in ihrer lebendigen Ganzheit genommen wird, ist sie durchaus nicht ohne weiteres zu durchschauen und zu regieren. Schichten von ihr entziehen sich, in die Tiefe hinab und ins Innere hinein, ins Halb- und Unbewußte. Wer darf da erklären, er sei gut gesinnt? Die Gutheit, für die wir einstehen können, reicht so weit als unser Bewußtsein; dann geht es ins Unbekannte. Unser Streben und Ringen soll diese Gutheit immer weiter nach Innen vortragen – aber welche Aufgabe, den Willen bis auf den Grund gut zu machen!

Wenn nun der Mensch stirbt und vor Gott tritt – wie steht es dann mit seiner Gesinnung? Denken wir etwa an jemand, der erst einen falschen Weg eingeschlagen, sich um Gott nicht gekümmert hat, und erst nachher, vielleicht sehr spät, umgekehrt ist. Gott hat sein Herz berührt, und er hat getan, wovon die Schrift sagt, daß die Engel im Himmel sich darüber freuen: er hat sich bekehrt. Er hat seine Gesinnung dort, wo er sie zu fassen bekam, nämlich im Raum seiner bewußten Freiheit, umgewendet, und sie ist gut geworden. Wie ist es aber mit dem, was in die Tiefe geht? Und Entsprechendes gilt für jeden Menschen, auch für die »neunundneunzig Gerechten, die der Buße nicht bedürfen« (Lk 15, 7). Es gilt für den, der immerfort fällt, aber den innersten Willen zum Guten nicht verliert, ebenso wie für den unablässig an sich Arbeitenden, der offenkundig vorankommt... Doch lassen wir das einen Augenblick auf sich beruhen.

Die Tat und das Sein

Der Mensch soll gut, ja, nach der Forderung der Bergpredigt, »vollkommen« sein: das bedeutet an seiner entscheidenden Stelle, im Anfangsbereich der Freiheit, das Gute, den Willen Gottes, zu wollen, die gute Gesinnung zu haben. Damit ist die Forderung aber nicht erschöpft. Es gut zu meinen, sich für das Gute zu entschließen, bildet erst den Beginn. Nicht nur die Gesinnung soll gut werden, sondern auch die Tat, ja das Sein. Die Gesinnung soll aus jenem Bereiche, wo der Mensch sich selbst mit so geheimnisvoller Leichtigkeit in der Hand hat, in den von Verworrenheiten und Widerständen erfüllten Raum der Dinge und Kräfte, des Handelns und Begegnens, des Werdens, Wachsens und Sich-Vollendens dringen.
So soll ich z. B. nicht nur mich für die Wahrheit entscheiden, sondern sie auch sagen. Was heißt das aber, die Wahrheit zu sagen? Zunächst einmal, daß die Aussage an sich richtig sei; und das will schon viel heißen, denn wie leicht spricht man die Unwahrheit oder halbe Wahrheiten. Hier ist also bereits viel zu tun. Die

Aussage kann aber auch dem Wortlaut nach in Ordnung sein, doch so gesetzt, daß sie den Hörenden unmerklich einen falschen Weg führt. Der Wahrheitswille muß also sorgen, daß der Hörende sich dem Gesprochenen anvertrauen könne, wie der Gehende einem richtig gebauten und geführten Weg. Eine Aussage kann dem anderen gegenüber durchaus wahr und zugleich ein Mittel sein, mit welchem der Redende sich selbst etwas vormacht; etwa verhindert, daß ihm eine innerlich reifende Erkenntnis ins Bewußtsein dringt, oder wie immer die innere Unwahrhaftigkeit beschaffen sein mag. Also muß der Wahrheitswille eindringen und Ordnung schaffen – und so fort, in nicht abzusehender Folge. Will ich daher die Wahrheitsgesinnung wirklich in die Tat umsetzen, dann muß ich von einer obersten, leicht zu erfassenden Schicht aus immer tiefer hinab- und hineindringen. Damit wäre ich erst am Ende, wenn die ganze lebendige Kraft sich jener Gesinnung zur Verfügung gestellt und die Wahrhaftigkeit die innersten Regungen durchdrungen hätte; nicht nur die überlegten, sondern auch die unwillkürlichen; nicht nur die offenen, sondern auch die verborgenen, halb-, unter- und unbewußten; die ganze menschliche Tiefe mit all dem Dunklen, Widersprüchigen, Empörerischen, Schlechten, zu dem unser Blick unmittelbar gar nicht gelangt... Wer wird da sagen dürfen, er sei wahrhaftig? Und wenn der Mensch stirbt – wie kommt er dann vor Gottes Auge?

Wir müssen aber noch einmal weiter gehen. Es ist nicht nur gefordert, daß der Mensch das Gute tue, sondern daß er gut sei.

Der Mensch soll gut werden. Dafür bildet alles, was

er ist, den Rohstoff: Seele und Leib, Verstand, Wille und Herz, Charakter und Möglichkeit, Kräfte und Schwächen, Eigensein und Beziehung zu anderen, Besitz und Umgebung. Das Tun soll in lebendige Haltung übergehen, so daß die einzelne Tat mit Sicherheit aus dieser entspringt. Die Haltung soll zur inneren Gestalt werden, welche das ganze Wesen prägt und das Gesollte in die schöne Natürlichkeit dessen überführt, das ganz zu eigen geworden ist. Es geht um die letzte Einheit: den guten Menschen, den Menschen, der »vollkommen ist, wie der Vater im Himmel«. Der Stoff, aus dem er werden soll, ist aber nicht nur einfach ungeformt, sondern er widerstrebt. Er empört sich; vieles ist in ihm verworren und verdorben. So muß er von der Gesinnung her durchgearbeitet werden. Diese muß als innere Richtung alles ordnen; als Wertschwingung alles durchwalten; als Sinn sich in allem ausdrücken... Wenn wir uns daraufhin prüfen, sehen wir, daß von unserem lebendigen Sein nur eine sehr dünne Schicht erfaßt ist, das übrige aber darunterliegt, wie unberührte Erde, in welche die Pflugschar nicht reicht. Entmutigende Aufgabe, gut zu werden! Was muß das sein, was die Heiligen vollbringen! Ein Heiliger ist ein Mensch, dessen ganzes Sein in Bewegung gekommen ist; in welchem das Licht Gottes Schicht um Schicht durchleuchtet und durchformt – was wollen wir da sagen? Wie kommen wir vor Gott?

Und noch sind wir nicht am Ende. Gut-Sein in der Fülle seines Sinnes bedeutet immer noch mehr. Wir glauben, daß Gottes Fügung uns führt.[7] Ein Tag um

[7] Zum Begriff der Fügung Gottes siehe meine Einleitung zu

den anderen trägt uns die Aufgaben zu, die Er uns stellt. Arbeit, Werk, Kampf, Überwindung, Opfer sollen vollbracht werden. Große, schwere, nie abreißende Forderung – und wir wissen, wie selten wir ihr wirklich genügen. Echtes Gut-Sein würde heißen, daß wir in jeder Stunde vollbrächten, was sie verlangt, und so das Leben zur Fülle seiner von Gott geforderten Leistung und Vollendung aufstiege. Was jetzt nicht getan ist, kann aber nicht nachgeholt werden, weil es jede Stunde nur einmal gibt, und die nächste wieder das Ihrige fordert. Was wird aus den Lücken und Leeren in diesem vorübergehenden Leben?

Und wie ist's mit dem, was falsch gemacht worden ist? Wir können es einsehen; können versuchen, es besser zu machen – aber was getan ist, ist getan und sitzt im Sein. Was wird mit dem?

Das läuternde Leiden

Wenn der Mensch nach seinem Tode aus dem Raum der Geschichte und ihrer Verschlossenheit vor Gottes Angesicht tritt; in das Licht Seiner Wahrheit, die alles enthüllt, in die Macht Seiner Heiligkeit, die alles Unheilige zurückstößt – was geschieht dann?

Der Glaube sagt, wer »ein Mensch des Wohlgefallens« ist, von der Gnade gemeint und vom guten Willen beseelt, wird von Gott aufgenommen; ihm wird von der Liebe des Vaters Anteil gegeben an Christi

»Ewigkeit im Augenblick«, Auswahl und Übersetzung aus J.P. Caussade's »Hingabe an die göttliche Vorsehung« von W. Rüttenauer, Freiburg i. B. 1940.

Gerechtigkeit, nicht aus Leistung und Recht, sondern aus Gnade.

Was heißt das aber? Gott tut das doch nicht so, daß unter der geschenkten Gerechtigkeit das Böse und Häßliche bleibt, so daß sie wie ein Mantel über dem Schmutz liegt.

Man antwortet: Gott vergibt die Sünde.

Wiederum aber: Was heißt vergeben? Doch nicht das, was ein Mensch einem anderen tut, wenn er ihm eine Kränkung »vergibt«? Dieses Vergeben läßt das Sein des anderen unberührt. Es sagt nur: »ich habe nichts mehr wider dich.« Gottes Vergebung muß mehr bedeuten. In dem Menschen muß etwas vorsichgehen. Vergebung kann nicht heißen, daß der Mensch Sünder bleibt, Gott ihm aber deswegen »nicht mehr zürnt«. Sie ist nicht nur ein Wandel in Gottes Herz und Blick, der das Sein des Menschen ließe, wie es ist, sondern der Mensch muß dabei so werden, daß Gott »an ihm Wohlgefallen haben« kann.

Man erwidert, Gottes Liebe schaffe den Menschen um.

Gewiß, im letzten ist es so – doch wir müssen vorsichtig sein. Gott ist allmächtig, aber kein Zauberer. Gottes Liebe schafft, aber in der Wahrheit. Gott gibt dem Menschen ein »neues Herz« und ein »neues Leben«, doch bedeutet das nicht, das Getane werde ungetan gemacht. Hier ist eine Lücke. Hier muß etwas vorsichgehen: eine Änderung, eine Läuterung, ein Nachholen – und nun sind wir dort, wohin wir gelangen mußten.

Wenn der Mensch stirbt, verläßt er die Zeit. Dann ist »der Tag« vorbei, an dem er »die Werke Gottes wirken« kann (Joh 9,4). Jetzt kann er nicht mehr tun,

sondern nur noch sein. Verändert sich dann nichts mehr in ihm?
Nicht in jenem, der vollendet hinübergegangen ist; er steht, vom Gericht Gottes bestätigt, in der reinen Gegenwärtigkeit ewigen Lebens. Ebensowenig in jenem, der sein Leben bösen Willens abgeschlossen hat; er ist von Gott verworfen und in der Verlorenheit des ewigen Todes erstarrt. Wie ist es aber mit dem Menschen, der zwar guten Willens war, dessen Wille aber noch nicht – oder noch nicht genug – das Sein ergriffen hat? Dessen gute Gesinnung nur um einiges unter die Oberfläche hinabgedrungen ist, während darunter die Auflehnung saß und die Tiefen von Bösem und Unreinem voll waren? Dessen Leben überall die Lücken des Unvollbrachten und die Zerstörung des falsch Getanen in sich trug? Man könnte einwenden, das sei zu menschlich gedacht. Wenn der Mensch vor Gott komme, werde alles Irdisch-Zeitliche unwesentlich. Ob er in der Unzulänglichkeit und Verworrenheit des Daseins dieses unterlassen, jenes zu Unrecht getan, ein Drittes falsch gemacht habe; ob in ihm Fehler, Mängel, Widersprüche, Lücken seien – das alles werde bedeutungslos vor der allein wesentlichen Heiligkeitsmacht, Liebe und Gnade Gottes. Wenn das »Eine Notwendige«, die Einheit von Gnade und Freiheit in Gottes »Wohlgefallen« da sei, dann sei von dorther alles da, und daraus erstehe »die Herrlichkeit der Kinder Gottes« (Röm 8,21) als reine Schöpfung von Gottes Liebesmacht. Der Gedanke ist so groß und fromm, daß er zunächst einfach siegt – und doch ist er nicht richtig. Das Große wird falsch gedacht, wenn es das Kleinere zum Verschwinden bringt, denn auch dieses ist Wahrheit. Die Erlösung ist kein Werk des Enthusiasmus, sondern einer Liebe, die Wahrheit

ist. Gottes Gnade ist alles; aber nicht so, daß deswegen die irdische Tat, das Fehlen im Gefüge des Lebens, die Schiefheit und Lücke im Sein einfach nichts wären. Sie sind etwas, und zwar vor Gott, welcher die Wahrheit ist. Und seine Liebe besteht nicht darin, die endlichen Mängel wegzufegen, sondern sie in die Wahrheit zu bringen und aufzuarbeiten; jeden von ihnen, auch den kleinsten; und jeden ganz, bis in die letzte Tiefe und die feinste Faser.

Wie soll das aber geschehen, wenn die Zeit vorüber ist, und der Mensch nichts mehr tun kann?

Er kann leiden, antwortet die Kirche. Und zwar kommt sein Leiden aus seinem Zustande selbst und ist zugleich dessen Überwindung.

Wenn ein solcher Mensch ins Licht Gottes tritt, sieht er sich mit dessen Augen. Er liebt Gottes Heiligkeit und haßt sich selbst, weil er ihr widerspricht. Sein Zustand dringt ihm ins Gefühl. Was er vorher nur war, vielleicht ahnte, erlebt er jetzt. Er durchlebt sich als den, der er vor Gott ist, und das muß ein unausdenkbarer Schmerz sein. Aber dieser Schmerz wirkt. In ihm läutert sich die Gesinnung und zieht ihre Konsequenzen, bis sie ihr Maß des guten Willens erreicht hat. Sie dringt in die lebendigen Kräfte und durchglüht sie, bis sie ganz von ihr erfaßt und in reine Bereitschaft gelangt sind. Sie durchwaltet das Sein, bis der Mensch nicht nur gut will, sondern das Gute als Form seiner Wirklichkeit gewonnen hat. In diesem Werden sind Sterben und Aufleben zu einem wunderbaren und erschreckenden Geheimnis verbunden. Immerfort wird ein Tod erlitten, aus dem sich das neue Leben erhebt.

Selbst auf die Leere des Nichtgetanen erstreckt sich dieses Geschehen. Nicht so, daß es bewirkte, was nicht getan worden ist, sei es nun doch; das wäre Zauberei. Es muß aber das geben, daß in der Hingabe des Geschöpfes an den umschaffenden Willen Gottes das Versäumte nachgeholt wird, sonst bleibt auf dem Grunde von Allem Verzicht oder Verzweiflung. Das nicht bestandene Leiden muß nachbestanden, die nicht erkannte Wahrheit muß nacherkannt, die nicht vollbrachte Liebe muß nachvollbracht werden können. Nicht als Ersatz, Einmaliges ist nicht zu ersetzen; aber es gibt Hinweise auf dieses Geheimnis der Nachholbarkeit. Vor allem die Reue. Echte Reue ist kein bloßer Schmerz über das Verfehlte; der würde nur den Mangel unterstreichen. Auch kein bloßer Wille, es das nächstemal besser zu machen; der würde das Geschehene stehen lassen. In der Reue nimmt der Mensch das Gewesene auf, durchdringt es erkennend und beurteilend, mit Verstand und Willen und Gesinnung – aber vor Gott, dem Lebendigen und Heiligen. Darin vollzieht sich mehr, als nur eine Stellungnahme zum Geschehenen. Was geschehen ist, wird wieder in die Freiheit aufgenommen und durch sie umbestimmt; es wird in den Anfang der neuen Schöpfung gezogen, welche durch die Macht des Heiligen Geistes geschieht, und von ihm umgeschaffen...

Einen wichtigen Hinweis gibt die Psychotherapie. Sie sagt, wenn der Mensch in früher Jugend, oder sonst in einem sehr verletzlichen Augenblick, vor einer Forderung versagt habe, setze sich das Geschehene unter dem hellen Bereich des Bewußtseins, im Unbewußten, fest und wirke von dort zerstörend in das ganze Leben ein. Dann helfen keine Mittel oder Maßnahmen, sondern das falsch Gelebte müsse neu bestanden werden. Der Mensch müsse es ins Bewußtsein heraufholen, ihm standhalten und ehrlich tun, was jetzt getan werden kann, dann komme das Leben in Ordnung.

Das alles gibt uns Hinweise. Nur das, nicht mehr. Weder Beweise noch Vorlagen, denn hier stehen wir vor dem Geheimnis der vergebenden und neuschaffenden Gnade. »Gericht« bedeutet, daß der Mensch im heiligen Lichte Gottes sich ganz sieht: die Zustände und die Ursachen, das Zufällige und das Wesentliche, das Äußere, Innere und Innerste, das bisher schon Gekannte und das Verborgene, ob es nun bloß zu tief lag, oder vergessen war, oder verdrängt und zugeschüttet wurde – alles. Und er sieht es ohne jeden Schutz. Was sonst unempfindlich macht: Stolz, Eitelkeit, Ablenkung, Gleichgültigkeit – alles das ist weg. Er ist ganz offen, ganz fühlend, ganz gesammelt. Und er will. Er steht auf Seiten der Wahrheit gegen sich selber. Er ist bereit, seinem eigenen Leben, all dem Versäumten, Halben, Wirren darin standzuhalten. In einem geheimnisvollen Leiden stellt das Herz sich der Reue zur Verfügung und überliefert sich so der heiligen Macht des Schöpfergeistes. Daraus wird das Versäumte neu geschenkt. Das Falschgemachte wird in Ordnung gerückt. Das Böse umgelebt und ins Gute hinübergebracht. Nicht äußerlich verbessernd, sondern so, daß alles durch das in der Reue wirkende Geheimnis der umschaffenden Gnade hindurchgeht und neu ersteht.

Das ist die Läuterung, von der die Kirche spricht.[8] Von ihr wird wohl kein rechtgeartetes Herz sagen, es

[8] Es sei noch einmal darauf hingewiesen, daß damit nicht alles gesagt ist. So war zum Beispiel nicht von der Sühne die Rede, welche im Zustand der Läuterung liegt. Hier sollte auf einen Punkt hingewiesen werden, der vielleicht geeignet ist, auch solchen, welche der Läuterungslehre fremd gegenüberstehen, einen Zugang zu öffnen.

finde kein Verhältnis dazu. Antwortet nicht vielmehr unser Tiefstes mit Dank, daß dieses gewährt sein solle? Sagt es nicht: »Ich wünschte, ich wäre so weit?«[9]

[9] Hier wird aber auch klar, wie so manches an dem Bilde, das man sich von den Heimgegangenen macht, verkehrt ist. Das Wort »die armen Seelen« ist innig und voll liebender Sorge; es enthält aber auch viel Kleines und Verkleinerndes. Die »Toten in Gottes Hand« haben nichts an sich, was Bemitleidung verdiente. Sie stehen in einem unausdenkbaren Leiden; aber dieses Leiden ist würdig. Wenn wir einen Menschen sehr liebten, und er wäre einen falschen Weg gegangen; eines Tages aber träfe ihn das Licht, und wir sähen nun, wie er in der tiefen Not des Umwerdens stünde – würden wir ihn da »bemitleiden«? Wir würden um ihn bangen, seine Bedrängnis mittragen, immer aber wissen, daß da etwas Großes geschieht, welches Ehrfurcht fordert. So müssen wir vom Bilde der Heimgegangenen alles abstreifen, was kleinlich ist; alles, worin sich der verborgene Wunsch des Menschen ausdrückt, den anderen leiden zu sehen; alle Geschäftigkeit des Helfens, alles Zudringen der Barmherzigkeit. Die Schrift lehrt uns, anders über den Menschen zu denken. Es sind die Söhne und Töchter Gottes, die in der Not, aber auch zugleich im Triumph der »Befreiung zur Freiheit der Herrlichkeit« stehen (Röm 8,21).
Die Sorge für sie ist gut, muß aber die richtige Art haben. Wenn wir neben dem geliebten, sich zum Guten durchkämpfenden Menschen stünden, von dem wir sprachen, würden wir ihm sicher helfen wollen, aber nicht mit Belehrungen und kleinen Praktiken. Wir würden ihn zu verstehen suchen, innerlich bei ihm sein und ihm jede Hilfe bringen, die in unserer Macht stünde, doch stets in Ehrfurcht. Ebenso muß es hier geschehen. Wir sollen den büßenden Menschengeschwistern helfen, aber nicht so, als wären sie Bettler, und wir gäben ihnen Almosen. Nicht so, daß wir hier irgend etwas praktizierten, und drüben bekämen sie die Wirkung. Wir sollen im Glauben um sie wissen, liebend ihnen zur Seite stehen, den Heiligen Geist anrufen, daß er die Büßenden in den Anfang des Werdens ziehe und zur Heiligkeit erstehen lasse. Und wenn einer in der Liebe schon mehr erfahren hat und inniger in das Geheimnis Christi eingeweiht ist, mag er daran denken, daß jenes neuschaffende Leiden aus der Erlösung kommt, und sein eigenes Lieben und Leiden mit dem erlösenden Willen Christi zu vereinigen suchen.

Die Auferstehung

Die Lehre der Offenbarung

Unter den Fragen, welche den Geist eines Menschen beschäftigen, gibt es solche, die aus besonderen Anlässen entspringen und daher auch ausbleiben können; andere aber müssen gestellt werden, wenn nicht Wesentliches im Dasein unerhellt und ungemeistert bleiben soll. Dazu gehört die Frage nach den letzten Dingen: Was wird am Ende sein? Gibt es etwas Endgültiges, in dem sich mein Dasein erfüllt, oder hört mit dem Tod alles auf? Wenn es das aber gibt – in welche Gestalt wird einst das, was ich gewesen bin, getan und erfahren habe, eingehen?
Der Glaube antwortet, zu den letzten Dingen gehöre vor allem der Tod; sieht ihn in seinem ganzen Ernst und fordert, er solle angenommen und bestanden werden. Zugleich sagt er aber, der Tod sei nur die eine Seite eines größeren Geschehnisses – dessen andere Seite sei die Auferstehung. Von ihr soll nun die Rede sein.

Im letzten Buch der Heiligen Schrift, in der Geheimen Offenbarung des Apostels Johannes, heißt es gegen Ende: »Und ich sah einen großen weißen Thron und den, der darauf saß. Vor seinem Antlitz flohen die Erde und der Himmel, und es fand sich keine Stätte für sie. Und ich sah die Toten, die großen und die kleinen, vor dem Throne stehen, und Bücher wurden geöffnet; und ein anderes Buch ward geöffnet, das ist das Buch des Lebens. Und es wurden gerichetet die Toten aus dem, was in den Büchern geschrieben stand, nach ihren Werken. Und es gab das Meer die Toten heraus, die in ihm waren, und sie wurden gerichtet, jeder nach seinen Werken.« (20,11–13)

Der erste Brief des Apostels Paulus an die Thessaloniker sagt: »Denn wenn wir glauben, daß Jesus gestorben und auferstanden ist, dann wird ja Gott in gleicher Weise durch Jesus auch die Entschlafenen herbeibringen [auferstanden zugleich] mit ihm. Denn das sagen wir euch im Worte des Herrn: Wir, die wir leben und übrig bleiben zur Ankunft des Herrn, werden den Entschlafenen nicht zuvorkommen. Denn Er, der Herr, wird, wenn der Ruf [ergeht], wenn die Stimme des Erzengels [erschallt] und die Posaune Gottes [erdröhnt], vom Himmel herabsteigen, und es werden ... auferstehen die Toten in Christus.« (4,14–16)
Im ersten Brief an die Korinther steht zu lesen: »Denn wenn keine Toten auferweckt werden, so ist auch Christus nicht auferweckt worden. Wenn aber Christus nicht auferweckt worden ist, so ist euer Glaube umsonst; so seid ihr noch in euren Sünden. Dann sind auch jene verloren, die in Christus entschlafen sind. Wenn wir nichts haben als die Hoffnung auf Christus in diesem Leben, so sind wir die elendesten aller Menschen.« (1 Kor 15,16–19)

Die Sätze entfalten aber nur eine Botschaft, die Jesus selbst verkündet hat. Die Sadduzäer, welche die Auferstehung leugnen, fragen ihn, wie die Frau, welche auf Erden viele Männer gehabt und sie nacheinander durch den Tod verloren habe, in der Ewigkeit zu ihnen stehen werde; da antwortet er: »Ihr täuschet euch, weil ihr weder die Schriften noch die Macht Gottes versteht; denn in der Auferstehung heiraten sie nicht, noch werden sie geheiratet, sondern sind wie die Engel des Himmels. Was aber die Auferstehung der Toten betrifft: habt ihr nicht gelesen, was euch von Gott gesagt ist, welcher spricht: Ich bin der Gott Abrahams und der Gott Isaaks und der Gott Jakobs? Gott ist [also] kein [Gott] von Toten, sondern von Lebendigen.« (Mt 22,19–32) Und wenn Jesus auch in den Reden über die letzten Dinge (Mt 24–25) nicht ausdrücklich von der Auferstehung spricht, so steht sie doch hinter allem, was Er spricht, und gibt ihm seine eigentliche Bedeutung.

Die Offenbarung lehrt also, daß der Tod nichts Endgültiges sei, sondern der Mensch einst, nachdem er gestorben, zu neuem Leben auferstehen werde. Auch von diesem Worte kann man sagen, was die Hörer auf die Botschaft von der Eucharistie hin gesagt haben: »Das Wort ist hart; wer kann es hören?« (Joh 6,60) So hat man denn auch versucht, den Anstoß auszuräumen.

Man hat erklärt, die Lehre von der Auferstehung sei der Botschaft Jesu nicht wesentlich, sondern entstamme dem natürlichen Lebensbedürfnis des Menschen, der sich mit dem Tod nicht abzufinden vermöge. Davon kann aber keine Rede sein, sondern sie gehört zum Grundbestand jener Botschaft. Sie ist von Anfang an geglaubt, durch die Jahrhunderte festgehalten worden und hat, wo der christliche Glaube lebendig blieb, auch allen neuzeitlichen Verflüchtigungen standgehalten.

Oder man hat gesagt, jene Lehre stamme aus antikem Leibgefühl. Der damalige Mensch habe Leben nur körperlich denken können. Wenn also ewiges Leben geglaubt wurde, habe es als ein ewiges Leben des Lei-

bes geglaubt werden müssen; so sei es notwendig gewesen, von Auferstehung zu sprechen. In Wahrheit gehe es aber dem Christentum nur um die Unzerstörbarkeit der Seele und ihre Rückkehr zu Gott. Von alledem kann ebensowenig die Rede sein. Zunächst ist es nicht richtig, daß der antike Mensch Leben nur körperlich denken konnte; denn durch die ganze griechische Geistesgeschichte geht eine Strömung, die ihren mächtigsten Ausdruck in Platon gefunden hat und lehrt, echtes Leben sei überhaupt nur im reinen Geiste möglich. Diese Strömung ist auch in den christlichen Bereich eingedrungen, und die Kirche hat schon im ersten Jahrhundert mit der Gnosis kämpfen müssen, welche alles ablehnte, was Körperlichkeit heißt. Der Kampf hat Jahrhunderte gedauert, und durch ihn ist der Glaube an die Auferstehung nur immer bewußter und tiefer geworden. Was vollends Paulus angeht, der mit solchem Nachdruck die Auferstehung der Toten verkündet, so tut er das wahrhaftig nicht aus antikem Leibgefühl heraus. Er hat das Wort gesprochen: »ich unseliger Mensch, wer wird mich erlösen von diesem Leibe des Todes?« (Röm 8,24) – wenn einer, dann wäre er geneigt und fähig gewesen, sich auf die geistig-geistliche Wirklichkeit allein zu gründen.
Ginge es nur um die Unsterblichkeit der Seele, dann hätte es der christlichen Offenbarung nicht bedurft, denn von jener haben schon Pythagoras und Sokrates und Platon gesprochen. Es geht vielmehr um die Auferstehung der Toten und um das ewige Leben des Menschen, und diese Lehre aus dem christlichen Bewußtsein auszuräumen, ist unmöglich.

Das unwillkürliche Empfinden wird durch diese Lehre beunruhigt. Schon im ersten Korintherbrief muß Paulus fragen: »Wenn also doch die Botschaft lautet, Christus sei von den Toten auferweckt worden – wie [können] da gewisse Leute unter euch sagen, es gebe keine Auferstehung der Toten?« (15,12) Diese Leute gab es und es gibt sie immer weiter. Sie waren schon Christus entgegengetreten, und Er hatte vor ihnen Zeugnis von der Auferstehung gegeben (Mt 22,23–33). Sie waren im Mittelalter da: die Gnosis hat sich mächtig und in verschiedenen Formen entwickelt. Sie erscheinen auch in der Neuzeit und sind ihres Protestes besonders sicher, denn für den heutigen Menschen ist der Gedanke, die Gestorbenen sollten wieder auferstehen, zunächst einfach unsinnig. Aus der Naturwissenschaft weiß er, daß es im Bereich des Erfahrbaren keine Kraft gibt, welche einen zerstörten Organismus wieder herstellen kann. Sein Lebensgefühl aber sucht den Tod zu bejahen, weil es sich vorbehaltlos in den Strom des bloß irdischen Lebens werfen will, in welchem Geburt und Tod nichts sein dürfen, als Wellen eines immer weiterfließenden Ganzen. Bevor wir weitergehen, müssen wir uns also noch einmal über etwas Grundsätzliches klar werden, von dem bereits im ersten Kapitel dieser Schrift die Rede war.

Die Erkenntnis will Wahrheit, und die Wahrheit ist die eine, allumfassende. Sie bedeutet, daß das, was ist, dem Geiste im Licht der ewigen Wesenheiten aufgehe. Dazu muß aber der Geist den verschiedenen Bereichen dessen, was ist, so begegnen, wie sie es verlangen. Wenn ich die Wahrheit des Lebendigen erkennen will, muß ich ihm in einer anderen Haltung entgegentreten, als sie vor den leblosen Dingen richtig ist. Wenn ich die Wahrheit des Geistes erfassen will, muß ich mich anders einstellen, als wenn es um die der Maschine geht. Wahrheit leuchtet nur auf, wenn der Mensch der Wirklichkeit jeweils so gegenübertritt, wie sie selbst es verlangt. Je höher das Wirkliche steht, desto größer ist die Anforderung, die es an den erkennenden Geist stellt; desto größer aber auch die Versuchung, sie auf die Ebene der tiefer stehenden Dinge herunterzuziehen, weil er es dann bequemer hat. So ist es zum Beispiel sehr verlockend, das Lebendige chemisch, oder den Geist biologisch zu denken, denn man spart Arbeit und gewinnt den Schein strenger Wissenschaft; in Wahrheit war man geistig träge, hat dem Erkenntnisgewissen Gewalt angetan und das Eigentümliche des Gegenstandes verloren. Das gilt schon innerhalb des natürlichen Denkens und seines Gegenstandes, der Welt. Durch die Offenbarung spricht aber der allem Welthaften gegenüber souveräne Gott in die Welt hinein; so tritt durch sie dem Menschen eine ganz neue Wirklichkeit entgegen. Mithin muß das Kennzeichen echter Offenbarung darin bestehen, daß sie auf Wesensbilder und Möglichkeitsformen der Welt nicht zurückgeführt werden kann, vielmehr ihnen gegenüber selbständig ist, ja sie sprengt. Die Wahrheit, um die es hier geht, kann also nur von jenem erkannt werden, der darauf verzichtet, die neue Wirklichkeit von der Welt her zu beurteilen, und bereit ist, sie ganz aus ihr selbst heraus entgegenzunehmen... Das ist das Erste und Entscheidende; dann ist da aber noch ein Zweites: Der Gott, der sich offenbart, ist der nämliche, welcher auch die Welt erschaffen hat. Wenn also sein Wort in diese eintritt, kommt es nicht ins Fremde, sondern »in sein Eigentum« (Joh 1,11). Zwar muß es zunächst ohne Rechtfertigung von der Welt her, rein aus ihm selbst heraus angenommen werden; sofort wirft es aber sein Licht in ebendiese Welt, ermutigt sie zu ihren eigentlichen Fragen und gibt darauf eine Antwort, die von ihr selbst her nie möglich gewesen wäre.

Soll also das Denken christlich sein und den Inhalt der Offenbarung wesensgemäß erfassen, dann muß es eine Wende vollziehen. Jesu Forderung, sich zu bekehren (Mt 4,17), verpflichtet nicht nur das Wollen, sondern auch das Denken. Natürlicherweise wirklich ist für uns das, was wir um uns und in uns vorfinden; natürlicherweise wahr das Durchsichtigwerden dieser Wirklichkeit in ihrer eigenen Idee; natürlicherweise möglich, was von den Dingen der Welt her möglich ist. Christlich hingegen ist wirklich, was sich in der Offenbarung als wirklich erschließt; christlich wahr, was sich in Gottes Wort und Geist auftut; christlich möglich, was sich in Christus als möglich bezeugt. Das ist schnell gesagt, aber schwer vollzogen; und wenn der Mensch sich auch zum Glauben entschlossen hat, folgt daraus noch nicht, daß er wirklich nach ihm denke. Soll unser welthaftes, durch mehrere Jahrhunderte immer tiefer in die Welt hineingewöhntes Denken den Inhalt der Offenbarung vollziehen, dann muß es einen richtigen Umbau durchmachen, und erst im Maße sich dieser Umbau vollzieht, versteht es, was Christus über die Auferstehung sagt.

Im Christentum geht es nicht um den Geist, sondern um den Menschen. Wenn man liest, was Philosophen und religiöse Menschen über die Unsterblichkeit der Seele und ein ewiges geistiges Leben sagen, so empfindet man zuerst das Starke und Begeisterte darin. Faßt man aber dann genauer zu; will man wissen, wie dieses Leben beschaffen sei, und wie es den Ertrag des irdischen Daseins, das, was Geschichte, Entscheidung, Tat, Schicksal heißt, in sich aufnehme, dann verschwimmt alles. Man erkennt, daß der Glaube an die bloße Unzerstörbarkeit der Seele einen Verzicht auf die Geschichte bedeutet, und die Wirklichkeit des Daseins sich ins Rhetorische auflöst... Dem Christen geht es um etwas ganz anderes: um die Erlösung der Wirklichkeit, um das ewige Schicksal der Person und ihrer Geschichte. Christentum ist keine Metaphysik, sondern die Selbstbezeugung des wirklichen Gottes; die Ankündigung, daß Er die irdische Wirklichkeit ergriffen habe und sie in ein neues Dasein führen wolle, worin nichts verloren gehen, vielmehr jedes seinen letzten Sinn empfangen werde. Das alles hängt aber am Leibe. So seltsam es sich anhören mag: die letzte Klarheit hinsichtlich alles dessen, was Person und personales Dasein, Geschichte des Einzelnen und des Ganzen heißt, kommt erst in der Stellungnahme zum Leibe heraus. Wenn dieser nicht aufersteht, ist eine bloß geistige Unsterblichkeit, rund heraus gesagt, ziemlich gleichgültig.

Im Christentum geht es weder nur um die Idee, noch um das Wesen, sondern um die Wirklichkeit des Menschen, um seine Verantwortung und Würde, seine Handlungen und Schicksale, mit einem Wort: seine Geschichte. Alles das hängt aber unlöslich mit dem Leibe zusammen. Die Auferstehung des Leibes wahrt den personalen und geschichtlichen Charakter des Menschen und grenzt die christliche Existenz sowohl gegen die Natur, wie gegen Metaphysik und Mythos ab.

Der geistliche Leib

Sofort muß aber etwas weiteres festgestellt werden: der Grund des leiblich-menschlichen Daseins ist Christus. Die Auferstehung bedeutet nicht eine weitere Phase im Fortgang des Lebens, so etwa, daß sich aus dessen inneren Möglichkeiten nach dem Tode eine neue Form entwickelte, sondern die Antwort auf einen Ruf, der aus der Souveränität Gottes kommt. Er hat den Menschen als Menschen gewollt. Mensch aber ist der Geist, sofern er sich im Leibe ausdrückt und auswirkt. Mensch ist der körperliche Organismus, sofern er in der Wirksphäre des persönlichen Geistes steht und durch diesen zu einer Gestalt und Wirksamkeit geformt wird, die er aus sich nie gewinnen kann; zum Ort, wo der Geist mit seiner Würde und Verantwortung in der Geschichte steht. Auferstehung bedeutet also, daß die Geistseele wieder wird, wozu sie durch ihr Wesen bestimmt ist, nämlich Seele eines Leibes – ja daß sie jetzt erst zum Werk der Leibgestaltung ganz frei und mächtig wird. Und sie bedeutet, daß der entseelte Stoff wieder durchgeistete, personbestimmte Körperlichkeit, das heißt also Menschenleib wird – welcher Leib freilich nicht mehr den Bedingungen von Raum und Zeit unterworfen, sondern, wie Paulus sagt, in einem neuen Zustande, »geistlich«, pneumatisch ist.

Wie dieser geartet sein wird, wissen wir nicht; wenn wir aber die verschiedenen Äußerungen der paulinischen Briefe sowohl wie der Apokalypse in Betracht ziehen, erscheint er – zusammen mit der Vorstellung des »neuen Himmels« und der »neuen Erde« – geradezu als Vollendung der erlösten Welt. Im achten Kapitel des Römerbriefes, wo vom Inbegriff unserer christlichen Hoffnung die Rede ist, sagt Paulus: »Denn ich denke, die Leiden der Gegenwart wiegen nichts vor der Herrlichkeit, die sich einst an uns offenbaren soll. Denn das Harren der Schöpfung wartet auf die Offenbarung der Söhne Gottes. Denn die Schöpfung war der Vergänglichkeit unterworfen, nicht freiwillig, sondern dessentwegen, der sie unterwarf, und in der Hoffnung darauf, daß [einst] auch sie, die Schöpfung, von dem Dienste der Verwesung befreit werden soll zur Freiheit der Herrlichkeit der Kinder Gottes. Wissen wir doch, daß die ganze Schöpfung mitseufzt und mit in Wehen liegt bis jetzt. Und nicht nur [sie], sondern auch wir, die wir die Erstlingsgabe des Geistes haben, seufzen in uns selbst, indem wir auf unsere Einsetzung in die Sohnschaft warten, auf die Erlösung unseres Leibes.« (18–23)

Die heilbringende Erfüllung ist Gnade und kommt aus der reinen Freiheit Gottes, so kann man sie weder von der Welt her beurteilen noch aus deren Voraussetzungen ableiten. Diese Welt wird aber doch in ihr erfüllt; daher liegen in ihr überall Hinweise, welche bewirken, daß das von Gott Kommende nicht ins Fremde gerät. Wir dürfen also fragen, ob nicht in dem, was wir Körper nennen, Richtungen deutlich werden, welche über das von der Welt her Mögliche hinausweisen?

Wenn wir uns in ein lebloses Ding und dann wieder in eine Pflanze einfühlen, empfinden wir einen wesentlichen Unterschied. Ein Kristall etwa hat eine intensive Körperlichkeit, klar, genau und kostbar. Er ist aber schwer, hart und unbeweglich. Anders der Apfelbaum da, der aus der Erde aufwächst, im Werden und Wandel seine Gestalt entfaltet, blüht, Frucht trägt, mit einem Wort, lebt. Auch er ist »Körper«, aber anderer Art. Er überwindet die Schwere, steigt empor, baut sich aus eigener Mitte auf... Ein neuer Unterschied wird zum Tier hin deutlich. Ein Pferd oder ein Vogel sind ebenfalls Körper, aber anders als Stein und Baum. Sie sind in den Raum freigegeben, haben Wahrnehmungsfähigkeit und Wirkkraft, behaupten und wehren sich, bauen ihr Heim, bringen Nachwuchs hervor und betreuen ihn... Noch einmal ein Unterschied tut sich zwischen dem Tier und dem Menschen auf. Das Tier ist in bestimmte Möglichkeiten hineingebunden und geht restlos in seiner Umwelt auf; der Mensch hingegen trägt einen schöpferischen Anfang in sich, dessen Reichweite grundsätzlich nicht begrenzt werden kann. Er ist der Wahrheit und sittlichen Entscheidung fähig und hat die Möglichkeit des Handelns und des Schaffens, so sehr, daß er durch eigenes Wagnis sein Dasein zu zerstören vermag. Aus alledem entsteht eine Körpergestalt neuer Art. Sie ist nicht nur feiner oder entwickelter als die bisher genannten, sondern hat Eigenschaften, die sie zur Gesamtheit des Lebendigen in Beziehung setzen und ihr etwas Allhaftes geben.

In diesen verschiedenen Seienden begegnet uns immer wieder »Körper«: im Bergkristall, im Apfelbaum, im Pferd, in dem Menschen da vor mir – aber durch welche Unterschiede getrennt! Jedesmal wird die Körperlichkeit in den Dienst eines neuen Prinzips gestellt und gewinnt dadurch nicht nur andere Eigenschaften und Verhaltungsweisen, sondern jeweils einen neuen Charakter. Immer mehr überwindet sie das Lastende, Gebundene, Harte, Dumpfe. Sie wird leichter, steigt ins Weitere und Freiere. Der Bereich der Wirklichkeit, zu dem sie Verhältnis gewinnt, wird größer. Die in ihr verwirklichten Werte werden edler. Das Moment des Schöpferischen, der Bereich des Möglichen wächst. Der Stoff wird immer mehr zum Material und Werkzeug des Geistes. Im Menschen hat der Leib eine ganz universelle Bedeutung: er erscheint nicht nur als höchste Stufe, sondern als Inbegriff der Körperlichkeit.

Hört diese Linie mit dem Menschen, wie wir ihn kennen, auf? Das unwillkürliche Empfinden sagt, sie müsse weitergehen; diese Menschlichkeit sei kein Abschluß; die Möglichkeit dessen, was Leib heißt, könne in ihr noch nicht erschöpft sein. Dafür gibt es auch einen unmittelbar einleuchtenden Hinweis, nämlich die Stufung der Leiblichkeit im Menschen selbst.

Der Menschenleib ist nichts Festes und Fertiges, sondern steht in beständigem Werden. Daß ein gesunder, durch Pflege und Übung gebildeter Körper mehr »Leib« ist, als ein vernachlässigter, liegt auf der Hand. Wo ist aber intensivere und wertvollere Leiblichkeit: im Antlitz, in der Gestalt oder Haltung eines Menschen, der mit edlen Dingen umgeht und ein tiefes Innenleben führt, oder in einem zwar gesunden und sportlich geübten, aber ungeistigen und oberflächlichen? Die Frage überrascht im ersten Augenblick; aber nur deshalb, weil man gewöhnt ist, die Körperlichkeit des Menschen nicht viel anders zu sehen als die des Tieres, nämlich als bloße Natur. Der Menschenleib ist aber in entschiedener Weise vom Geiste bestimmt. Das durchgearbeitete Antlitz eines um die Wahrheit ringenden Menschen ist nicht nur »geistiger«, sondern einfachhin antlitzhafter als das eines dumpfen; das heißt aber, echterer, intensiverer Leib.

Ebenso ist in der Haltung eines Menschen mit gütigem, frei gewordenem Herzen nicht nur mehr »Seele« als bei einem selbstsüchtigen und innerlich groben, sondern lebendigere Leiblichkeit. So beginnt hier eine ganz neue Stufenfolge der Verwirklichung. Der Leib wird als solcher um so intensiver und wertvoller, je tiefere Innerlichkeit, je reicheres Herzensleben, je edlere Geistigkeit sich in ihm auswirkt.

Die Neuzeit hat das Dogma gebildet, das christliche Mittelalter habe den Leib vernachlässigt; dieses Dogma ist aber nicht nur falsch, sondern einfachhin blind. Wenn man sich von der Konvention freimacht, muß man doch sehen, welcher Lebensreichtum in den Gesichtern und Gestalten mittelalterlicher Bildwerke anschaubar wird, und das bedeutet, daß die Leiblichkeit, die hier entstanden ist, eine Qualität mehr hat als die antike, nämlich die des frei gewordenen Herzens. Die Ursache dafür aber ist die christliche Erfahrung; das Leben im Verhältnis zu Gott und im Umgang mit Christus. Dadurch ist nicht, wie die dumme Übereinkunft behauptet, der Leib zerstört worden, sondern er hat eine ganz neue Kraft, Tiefe, Musikalität gewonnen, von deren Nachwirkungen er selbst dort noch zehrt, wo die christliche Überzeugung längst aufgegeben ist. Der Leib baut sich ja doch nur zu einem Teil aus der Natur, zum anderen aber – und vielleicht größeren – aus der Seele auf. Die Kühnheiten des Geistes, die Überwindungen des Herzens sind es, welche ihn schaffen. Das geschieht oft durch tiefe Erschütterungen, ja durch scheinbaren Untergang hindurch. Entsagung und Opfer, welche der dumpfe Blick als Zerstörung ansieht, zeigen sich der helleren Einsicht als Durchbrüche zu höheren Formen der Leiblichkeit. Niemals hätten ein Roger von der Weyden, oder ein

Matthias Grünewald, oder ein Rembrandt ihre wunderbaren Gesichter und Gestalten malen können, wenn nicht die Heiligen bei ihrem Ringen um Gott ihren Körper in die Glut des Opfers geworfen hätten. Man soll doch die Dinge nicht zu billig sehen! Nichts Großes wird aus bloßer Natur, sondern aus Überwindung und Opfer.

Was muß aber erst möglich werden, wenn im Durchbruch der Ewigkeit, im Allwalten der heiligen Macht Gottes der Geist zu seiner vollen Reinheit und Kraft freigegeben ist?

Hier knüpft Paulus an, wenn er im ersten Korintherbrief von der Auferstehung spricht. Er sagt: »Aber nun wird einer fragen: Wie sollen denn die Toten auferstehen? Mit was für einem Leibe sollen sie kommen? Du Tor: was du [auf das Feld] säest, wird nicht lebendig, wenn es nicht stirbt. Und wenn du säest, so säest du nicht den Körper, der [einst] entstehen soll, sondern ein bloßes Samenkorn, etwa von Weizen, oder einem der sonstigen [Gewächse]. Gott aber gibt ihm dann den Körper, wie Er es bestimmt hat, und zwar jedem Samen seinen besonderen Körper. Nicht jedes Fleisch ist das gleiche Fleisch, sondern ein anderes das des Menschen, ein anderes das [der vierfüßigen] Tiere, ein anderes das der Vögel, ein anderes das der Fische. Und [weiter] gibt es himmlische Körper und irdische Körper; aber anders ist die Herrlichkeit der himmlischen, anders die der irdischen. Eine ist die Herrlichkeit der Sonne, eine die Herrlichkeit des Mondes, eine andere die Herrlichkeit der Sterne; ja Stern und Stern unterscheiden sich in ihrer Herrlichkeit. So ist es auch mit der Auferstehung der Toten. [Der Leib des Menschen] wird [beim Tode in die Erde] gesäet in der Form der Verwesung, [einst] wird

er auferweckt in der Form der Unverweslichkeit. Er wird gesäet in der Form der Verächtlichkeit, auferweckt in jener der Herrlichkeit. Er wird gesäet in der Form der Schwachheit, auferweckt in jener der Kraft. Es wird gesäet ein naturhafter Leib, auferweckt ein geistlicher Leib... Der erste Mensch [Adam] ist von der Erde irdisch; der zweite Mensch [Christus] ist vom Himmel [himmlisch]. Wie der irdische ist, so sind auch die Irdischen; und wie der himmlische ist, so sind auch die Himmlischen. Und wie wir das Bild des irdischen [in uns] getragen haben, so werden wir auch das Bild des himmlischen [in uns] tragen.« (15,35–49) Ganz abgesehen von seiner Würde als Wort der Offenbarung, rein denkerisch genommen, hat dieser Text hohen Rang. In manchem ist er nicht ganz klar; die Gewalt des Erfahrens, welche alle paulinischen Aussagen erfüllt, arbeitet auch in ihm. Aber etwas Grundlegendes ist hier klar und groß gesehen: das Wesen des Leiblichen. Dieses Leibliche ist vielartig. Paulus drückt es ganz unwissenschaftlich, von der unmittelbaren Anschauung her aus. Es gibt die Körperlichkeit der Pflanzen und innerhalb des Pflanzenreiches die der verschiedenen Gewächse; es gibt die Körperlichkeit der Tiere und wiederum die jeder Tierart im Unterschied zur anderen; es gibt die Körperlichkeit der Gestirne, welche nach der Vorstellung des Altertums etwas Geheimnisvolles, Halbgöttliches waren, und auch bei ihnen eine verschiedene in jedem Gestirn. So entsteht eine nach Art und Rang unabsehliche Reihe. Sie endet aber nicht mit den Möglichkeiten der Welt, sondern geht jenseits des irdischen Bereiches weiter, ins Geistliche, Himmlische, über dessen Wesen gleich weiteres zu sagen sein wird.
Zwischen den verschiedenen Formen der Leiblichkeit

liegt jeweils eine Kluft. Diese ist manchmal solcher Art, daß von der einen Seite zur anderen nichts hinüberführt: aus einem Stein wird kein Vogel. Andere Leibformen aber stehen bei aller Unterschiedenheit in einem lebendigen Zusammenhang, bilden Phasen einer unmittelbaren Entwicklung, wie z. B. ein Samenkorn und die aus ihm entstehende Pflanze. Hier wird die Kluft durch das Geheimnis des Keimens und Entsprießens überbrückt. Trotzdem bekommt die Kluft ihr Recht, und zwar durch das, was Paulus das »Sterben« nennt. Das Samenkorn muß in die Erde und dort sterben, d. h. seine Form verlieren, damit die neue Pflanze entstehen könne. Und nun der Schritt: Ebenso geschieht es beim Menschen. Auch in ihm sind zwei Leiblichkeitsformen: die irdische und die himmlische, und die erste ist das Samenkorn der zweiten. Auch zwischen ihnen liegt der Tod: der Leib muß in die Erde gelegt werden und dort zerfallen, erst dann wird der neue, himmlische Leib. Nun aber zeigt sich der Unterschied: Die Pflanze »entsteht« wirklich »aus« dem Samenkorn, seinen Anlagen und Funktionen; der himmlische Leib hingegen nicht so aus dem irdischen. Vom Samenkorn kann man sagen, es werde kraft der Identität dieses Lebewesens, »Weizen« genannt, unmittelbar, durch seinen Zerfall hindurch, in der neuen Pflanze lebendig; vom Menschenleibe muß man sagen, er werde nach dem Tode auferweckt. Hier waltet eine andere Macht, nicht aus dem Innern der Anlage heraus, sondern von drüben, aus der Freiheit Gottes herüber.

Welche Macht das ist, hat sich in der Auferstehung gezeigt: jene, durch welche einst Christus aus dem Grabe erstanden ist. Mit dieser gleichen Macht weckt

Er die Seinen vom Tode auf und gestaltet sie zu einer neuen, himmlischen Lebendigkeit. Der Charakter aber, den sie trägt, das »Geistliche und Himmlische«, bedeutet nicht einfach eine höhere Stufe im Sein – so wie das Tier über der Pflanze, und der Mensch über dem Tier einnimmt –, sondern drückt ebenfalls das Neue, aus der Souveränität Gottes Kommende aus: es ist die Wirkung des Heiligen Geistes, der zu Pfingsten in die Welt gekommen ist und von da an in ihr waltet.

Hier zeigt sich eine neue Ahnenschaft. Der irdische Mensch ist so, wie sein irdischer Ahne, Adam gewesen. Dann aber ist Christus, der himmlische, gekommen und hat eine neue Ahnenreihe begonnen, die ihr Wesensbild und ihre Lebendigkeit von ihm empfängt. So heißt es denn im gleichen Brief: »Nun ist aber Christus von den Toten auferweckt, der Erstling der Entschlafenen. Denn nachdem durch einen Menschen der Tod gekommen ist, kommt auch durch einen Menschen die Auferstehung von den Toten. Denn wie in Adam alle gestorben sind, so werden in Christus auch alle [wieder] lebendig. Jeder an seinem eigenen Ort; als erster Christus; darauf jene, die Christus gehören, zur Zeit seiner Wiederkunft; dann das Ende, wenn Er das Reich Dem übergibt, [welcher] Gott [ist] und Vater, nachdem Er alle [widergöttliche] Herrschaft und alle Macht und Gewalt vernichtet hat... Als letzter Feind wird der Tod vernichtet.« (15,20–26)

Es geht also um die Wiederherstellung des Menschen.

Wie steht es aber mit den Einwänden der Biologie? Wenn sie bei dem bleibt, was sie wirklich weiß und nicht, nachdem sie das Dogma der Kirche abgelehnt hat, ihrerseits eines von höchst fragwürdiger Art aufstellt, dann muß sie zugeben, daß sie hier überhaupt nichts sagen kann. Von sich aus kann sie nicht feststellen, die Auferstehung sei möglich – ganz gewiß aber auch nicht das Gegenteil. Und wenn man hört, was die Physik unserer Tage von der Bedeutung der Form im Aufbau der Materie, und was die Medizin von der Macht des Seelischen im Körperleben sagt, dann zeigt sich das Körperliche dem Geist in einer Weise in die Hand gegeben, die man früher nicht ahnen konnte.

Wir sind aber mit dem Gedanken des auferstandenen Leibes noch nicht am Ende. »Leib« ist nicht nur fest dastehende, räumliche Gestalt, sondern er hat auch Geschichte. Auf seinem Wege vom ersten Entstehen bis zum letzten Zerfall durchläuft er eine unabsehliche Anzahl von Formen. Welche von ihnen ist seine eigentliche? Die des Kindes, oder des reifen, oder des alternden Menschen? Die Antwort kann nur heißen, daß jede wesentlich ist. Denn die einzelne Phase ist nicht nur da, damit die nächste, was heißen würde, daß alle zusammen da sind, damit die letzte, will sagen, die des Todes erscheine, sondern jede von ihnen ist der Mensch, und jede unentbehrlich im Ganzen seines Lebens. So ist »der Leib« des Menschen in Wahrheit eine unendliche Zahl von Gestalten, die alle im auferstandenen Leibe enthalten sein müssen. Er muß eine neue Dimension haben, die der Zeit; freilich der in der Ewigkeit aufgehobenen Zeit, so daß in seiner Gegenwärtigkeit zugleich seine Geschichte, und in seinem reinen Jetzt das ganze durchlaufene Nacheinander liegt.

Das Nämliche gilt aber nicht nur für seine unmittelbare Entwicklung, sondern auch für das, was er getan hat und was ihm geschehen ist: seine Freuden und Leiden, seine Hemmungen und Befreiungen, seine Überwindungen und Niederlagen, seine Liebe und seinen Haß. Das ganze, unabsehliche Geschehen der Seele hat sich im Leibe ausgedrückt, ist in sein Wesen eingegangen, hat ihn entfaltet oder gehemmt oder zerstört. So ist es auch in ihm aufbewahrt und liegt im auferstandenen Leibe. Ebenso die Schicksale und Begegnungen; und die Auferstehung des Leibes bedeutet die Auferstehung des ganzen gewesenen Lebens, seines Guten und seines Bösen.

Und wo endet der Leib des Menschen? Gehört das Kleid zu ihm, das ihn umhüllt? Irgendwie sicher, denn es hat ja eine Funktion in seinem Leben, des Schutzes sowohl wie des Ausdrucks. Der Schmuck, den er trägt? Die Geräte, mit denen er arbeitet; die Dinge, mit denen er sich umgibt; die Wohnung, in der er sich aufhält; der Garten, den er liebt; der ganze Lebensraum, den er durchwirkt? Wir wollen nicht phantasieren; soviel ist aber sicher, daß der Leib des Menschen viel mehr bedeutet als die bloße anatomisch umgrenzte Körperlichkeit. Im Grund etwas Unabsehliches: den Inbegriff seines sichtbar gewordenen irdischen Daseins. »Auferstehung« meint also, daß nicht nur die Gestalt, sondern auch die Geschichte, nicht nur die Substanz, sondern auch das Leben des Menschen aufersteht. Nichts, was darin gewesen ist, ist vernichtet. Der Inbegriff der Taten und Schicksale des Menschen liegt in ihm und wird einst, aus der Eingeschränktheit der Geschichte befreit, in der Ewigkeit stehen. Aber nicht durch eigene Kraft, als letzte Phase einer inneren Entwicklung, sondern auf den

Ruf des Herrn, des Allmächtigen hin, und durch die Kraft seines Geistes.

Zu seinem Heil, müssen wir noch hinzufügen, oder zu seiner Verlorenheit. Es wird den seligen und den unseligen Menschenleib geben. Wie steht aber dann der Leib in jenem Zusammenhang, den das zweite Kapitel dieser Schrift behandelt hat? Wenn der Mensch nach seinem Tode der Läuterung bedarf, muß das auch von seinem Leibe gelten: wie soll sich aber dessen Läuterung vollziehen, wenn er doch erst am Ende aller Zeit aufersteht, und es dann nur noch Seligkeit oder Verwerfung gibt? Eine eigentliche Antwort vermag der Verfasser nicht zu geben; er möchte aber wenigstens die Richtung zeigen, nach welcher sie liegen könnte.

Seele und Leib sind keine rein abtrennbaren Größen. Der Leib wird beständig von der Geistseele her aufgebaut; ja das, was »Leib« heißt, enthält an jeder Stelle und in jedem Akt seines Bestandes die Seele mit. Wenn man sie ganz wegnehmen könnte, würde kein Leib, sondern ein bloßes biologisches Gebilde, vielleicht sogar nur eine gewisse Menge sich zersetzender chemischer Verbindungen übrigbleiben. Die Seele wiederum lebt nicht auf eigene Rechnung, sondern wirkt sich im Leibe und durch ihn aus, so sehr, daß man zweifeln darf, ob es im menschlichen Dasein überhaupt einen »rein geistigen« Akt gibt und nicht vielmehr alle geist-leiblich, das heißt eben menschlich sind. Man sagt, die Seele sei »im Leibe«, und meint damit, sie sei das Prinzip seines Lebens, der Inhalt seiner Erscheinung, der geschichtliche Sinn seines Stehens und Sichregens – ebensogut könnte man aber auch sagen, der Leib sei »in der Seele«, und damit meinen, diese enthalte ihn als Mittel ihres Wirkens, als Offenbarung ihrer Verborgenheit, als Ort, Situation und Stoff ihres geschichtlichen Daseins, Gestalt, Handlung. Gestalt und Schicksal des Leibes sind der Lebendigkeit der Seele eingegeben. Wenn sich also beim Tode die Seele vom Körper trennt, dann streift sie den Leibesbereich nicht einfach von sich weg und aus sich hinaus. Sie wird kein Engel, sondern bleibt Menschenseele. Als solche trägt sie den Leib in sich. Daß sie die Voraussetzung seines Lebens war und ihrerseits sich in seinem Leben ausgewirkt hat, bleibt in ihr. Sie ist, wie die mittelalterliche Philosophie sagt, die Wesensgestalt des Leibes; und nicht eines allgemeinen, sondern dieses besonderen; und nicht nur seiner Anlage, sondern auch seiner Geschichte; und abermals nicht nur so, daß sie in ihm tätig war, sondern auch, daß sie sich selbst in ihm verwirklicht und das, was geschehen ist, in ihre eigene Wirklichkeit aufgenommen hat. Daran wird wohl auch die Auferweckung der Toten anknüpfen: indem Gott der leibgestaltenden Macht der Seele die Möglichkeiten gibt, sich ihren Leib so zu bauen, wie er ihrer Wahrheit nach sein muß.[10]

Ist das so, und erfährt die Seele nach dem Tode jene Läuterung, von welcher die Rede war, dann wird in ihr auch, wenn man so sagen darf, der latente Leib geläutert. Wenn dann einst der Tote aufersteht, so ist sein

[10] Über die Bedeutung des Leibes für die Seele und über deren leibschaffende Kraft hat der Dichter des Jenseits, Dante, Außerordentliches gesagt. Es ist sehr aufschlußreich für die wahre Gesinnung des Christentums in dieser Frage, daß die größte christliche Dichtung, welche zugleich den gewaltigen Ausdruck mittelalterlichen Wesens bildet, von einer mächtigen, lebendigen und reichen Leiblichkeit erfüllt ist. Siehe dazu auch das Kapitel »Leib und Leiblichkeit in der Commedia« in meinem Buch »Landschaft der Ewigkeit« (Dante-Studien), Bd. 2, München 1958.

neuer Leib der rein und eigentlich gewordenen Seele zugeordnet.

Das Werden des neuen Leibes ist aber kein plötzliches Geschehnis. Es ist nicht so, daß der Mensch bis zu seinem Tode nur irdisch wäre und dann, bei der Wiederkunft des Herrn, mit einem Ruck zum geistlichen und himmlischen würde. Der gleiche Paulus hat in seinem Brief an die Römer den anderen Teil dieser Lehre entwickelt. Dessen sechstes, siebentes und achtes Kapitel zeigen in mächtigen Gedankengängen, wie das Geheimnis des Sterbens und der Auferstehung bereits in diesem Leben beginnt. So heißt es da: »Oder wisset ihr nicht, daß wir, so viele von uns getauft worden sind, auf Christus Jesus, auf seinen Tod getauft sind? Mitbegraben sind wir also mit ihm worden durch die Taufe auf den Tod, damit so, wie Christus durch die Herrlichkeit des Vaters von den Toten [zu einem neuen Leben] auferweckt wurde, auch wir in der Neuheit des [gleichen] Lebens wandeln. Denn wenn wir hineingewachsen sind in die Ähnlichkeit seines Todes, wird es auch in die seiner Auferstehung geschehen, wissend, daß unser alter Mensch zusammen mit [Christus] gekreuzigt worden ist, damit der Leib der Sünde vernichtet werde, auf daß wir der Sünde nicht mehr dienen.« (6,3–8) Die Taufe ist, in der Weise des Anfangs, schon Tod und Auferstehung zugleich. Aus ihr wird der neue Mensch geboren und lebt von da ab, freilich durch den alten verhüllt, im Innern des Glaubenden. Von da ab ist alles ein geheimnisvolles Ineinander von Untergang und Werden. Durch alles Tun und Geschehen hindurch vollzieht sich immer neu das Sterben des alten und das Auferstehen des neuen Menschen. Das Sterben aber besteht in der beständigen Umkehr zu Gott hin, im Gehorchen, Überwinden, Entsagen, Streben und Kämpfen – in alledem, was Nachfolge Christi heißt. Aus diesem Bewußtsein heraus erhebt sich der wunderbare Hymnus, mit welchem das achte Kapitel schließt, und aus dem oben ein Stück angeführt wurde.

Die Bedeutung der christlichen Lehre vom Leibe

Dieser ganze Gedankengang ist von unabsehlicher Tragweite. Die Tatsache, daß er neu empfunden und erfahren wird und dem Mittelpunkt des christlichen Bewußtseins zurückt, bedeutet vielleicht eine Wende in der inneren Geschichte des Christentums.
Ihr Wesen auszudrücken, ist nicht leicht. Die Zeit seit dem Ausgang des Mittelalters scheint dadurch bestimmt, daß im Denken des Menschen auf der einen Seite die nackte Materie, auf der anderen der bloße Geist – und zwar in der Form des Verstandes – hervortraten. Aus dieser Spannung heraus ist Gewaltiges geleistet worden. Aus ihr sind die neuzeitliche Wissenschaft und Technik entstanden. Durch sie ist aber weithin verloren gegangen, was lebendige, durchseelte Leiblichkeit und verkörperte, anschaubare Geistigkeit, Bild und Symbol heißt. Ja, der Mensch ist verloren gegangen – der Mensch und mit ihm das Ding. Das ist über den Leistungen und Erfolgen lange unbemerkt geblieben; allmählich dringt es aber ins Bewußtsein. Wir erleben die Folgen davon, und das Verlorene meldet sich wieder, wenn auch fürs erste nur in der Form der Not und Sehnsucht.

Das Gesagte gilt auch für das Verständnis des Christentums. Wohl liegt dessen Wesentliches jenseits der zeitgeschichtlichen Verschiebungen und ist in der Hut des Glaubens, der Liebe und des Gehorsams bewahrt; seine Deutungen aber sind dem geschichtlichen Wandel ausgesetzt. So ist auch das christliche Leben auf der einen Seite ins Abstrakt-Geistige, auf der anderen ins Materielle und Organisatorische geglitten, und der Mensch, die lebendige Gestalt, Bild und Symbol sind verblaßt. Hier scheint sich aber ein Wandel anzubahnen. Wir erkennen, daß nicht »Gott an sich« es ist, was entscheidenderweise das christliche Bewußtsein bestimmt, sondern der menschgewordene Gott, Jesus Christus. Daß es nicht um das Heil »des Geistes« oder »der Seele«, sondern des lebendigen Menschen und mit dem Menschen der Welt geht; um »den neuen Menschen« (Röm 6,4–6), den »neuen Himmel und die neue Erde« (Offb 21,1).[11]

Was aber Gott angeht, so tut man wohl gut, sich einmal klar zu machen, was das bedeutet, wenn Er Mensch wird; wenn Er es nach Christi Tod durch die Auferstehung bleibt; wenn für alle Ewigkeit das Menschentum Christi in Gott »zur Rechten des Vaters«, auf dem Throne der ewigen Herrlichkeit ist...

[11] Eine kleine Anmerkung: Das oft angeführte Wort Mk 8,36 wird fast immer übersetzt: »was nützt es einem Menschen, wenn er die ganze Welt gewinnt, aber Schaden leidet an seiner Seele?« So heißt es aber nicht, sondern: »Schaden leidet an seinem Leben«. Im griechischen *»psyche«* laufen die Bedeutungen von Seele als Prinzip des Lebens und von diesem Leben selbst noch durchaus ineinander. Wir wollen damit keine philologische Feinheit herausholen, sondern feststellen, daß Jesus kein Spiritualist ist. Ihm geht es nicht um »die Seele«, sondern um den Menschen. Die Sorge für die bloße Seele haben die Gnostiker der alten und die Spiritualisten der neuen Zeit aufgebracht.

Wer ist Gott, wenn das wahr – nein *die* Wahrheit, die erlösende, heiligende, erneuernde Wahrheit einfachhin ist? Ganz gewiß nicht »der absolute Geist« des neuzeitlichen Denkens. Wir wollen diesen tieferregenden Fragen nicht weiter nachgehen; dazu wären andere Vorarbeiten nötig, als wir sie hier leisten können. Jedenfalls ist »der Lebendige Gott« so, daß in ihm nicht nur »unsere Seele«, sondern unser auferstandenes Menschensein die ewige Heimat finden kann.

Aus alledem bekommt unser christliches Dasein einen anderen Charakter. Es wird in einer ganz neuen Weise konkret, lebendig, auf den Menschen und das Ding bezogen. Es wird Wirklichkeit. Es gewinnt eine ganz neue Wärme. Das Herz, nicht »der Geist«, wird zur entscheidenden Macht – wobei freilich »Herz« etwas Grundanderes bedeutet als bloßes Gefühl oder gar Sentimentalität. Dazu ist es ja gerade geworden, als der Mensch in Geist und Stoff auseinanderfiel. Das Herz ist die lebendige Einheit von Geist und Blut, die eigentliche Wirklichkeit des Menschen, seine innigste Mitte, der Ort aller Entscheidung, der Ursprung des Werdens und Umwerdens.

Von hierher gewinnen die Sakramente, vor allem das der Eucharistie, eine ganz neue Bedeutung. Was heißt das doch, wenn Christus sagt: »wer mein Fleisch ißt und mein Blut trinkt, der hat das ewige Leben, und ich werde ihn auferweckem am jüngsten Tage«? (Joh 6,54) Warum sagt er nicht: wer seinen Geist meinem Geiste verbindet, wer meinen Willen in den seinen aufnimmt? Weil es nicht um den Geist, sondern um die lebendige, gottmenschliche Wirklichkeit Christi geht; diese aber ihren Entscheidungspunkt gerade in dem hat, was jeder Vergeistigungswille zuerst fallen läßt, nämlich dem Leibe; schärfer, johanneisch gesprochen, dem »Fleisch«. Weil es beim Menschen nicht um die Seele, sondern um das lebendige Ganze geht, das wiederum, aller Verflüchtigung gegenüber, seinen Entscheidungspunkt im Körperlichen, im »Essen« und »Trinken« hat. Die Frucht dieses heiligen »Essens und Trinkens« aber ist die »Auferweckung am jüngsten Tage«. Freilich ist diese Rede »hart zu hören«, denn in ihr geht es um das Letzte des christlichen Daseins.

Das alles wird durch die Lehre von der Auferstehung der Toten gewährleistet.

Wenn man, im Bewußtsein der Voraussetzungen und Folgerungen, den Inhalt des christlichen Glaubens mit einem einzigen Worte zusammenfassen wollte, könnte man ruhig sagen: »Ich glaube an die Auferstehung der Toten und an das«, genauer: »an ihr ewiges Leben.« Das ist denn auch der letzte Satz des apostolischen Glaubensbekenntnisses, und auf ihn folgt das »Amen« – mit Recht, denn in ihm liegt aller Schluß und Inbegriff.

Das Gericht

Das Wesen der Geschichtlichkeit

Wenn wir verstehen wollen, was das Gericht bedeutet, muß uns zuerst deutlich sein, wie unser irdisches Dasein, die Geschichte, beschaffen ist.

Geschichtlichkeit heißt vor allem, daß das Dasein undurchsichtig und verschlossen ist. Einmal, weil das Gewebe der Ursachen und Wirkungen weder überblickt noch durchschaut werden kann. In jeder Handlung laufen unzählige Voraussetzungen zusammen. Die geschehene Handlung wirkt ihrerseits auf verschlungenen und verborgenen Wegen weiter, von denen nur wenige festgestellt werden können. Jeder Vorgang ist mit vielen anderen, ja schließlich mit allen verflochten. Richtig verstehen kann man ein Geschehnis nur dann, wenn man es in seinem Zusammenhang sieht; dieser breitet sich aber ins Endlose und entgeht so der Überschau. Ebensowenig kann er in die Tiefe verfolgt werden, denn hinter jeder Schicht liegt immer eine weitere, und da ein Geschehnis nur von den Wurzeln her ganz verständlich wird, bleibt es zum größten Teil unverstanden.

Dazu kommt etwas anderes. Das Lebendige ist auf Ausdruck gestellt. Immer neu tritt das Innere in die Erscheinung, offenbart sich das verborgene Wesen im sinnlich Wahrnehmbaren. Das ist aber nur die eine Seite des Verhältnisses; das gleiche Lebendige verbirgt sich auch in sich selber, verdeckt das Eigentliche. Bei Pflanze und Tier wird dieses Ausdrücken und Wieder-Verbergen durch die Natur selbst geleitet und steht in einem sinnvollen Gleichgewicht; beim Menschen kommt der bewußte Wille hinzu, und dieser

Wille ist widerspruchsvoll. Oft bleibt das Innere verborgen, wo es offenbar werden sollte; drückt die Erscheinung den Sinn nicht aus, obwohl die Situation es verlangt; verschleiert sich die Absicht, und alles gerät in Fragwürdigkeit. Das Verhältnis des Ausdrucks kann seinen ganzen Sinn umkehren und zur Täuschung werden. Der Mensch kann sein Inneres sogar vor sich selbst verbergen und sich über seine eigenen Absichten etwas vormachen. So entsteht ein Zustand der Verschlossenheit, den der Blick nicht durchdringen, ja der Zweideutigkeit und Irreführung, dem das Urteil sich nicht anvertrauen kann. Durch all das bekommt die Geschichte etwas Undurchsichtiges, Unverstehbares, ja Hinterhältiges und Tückisches.

Nun sollte aber die Geschichte Gott kund tun. Wenn Paulus sagt, daß Gottes »unsichtbares Wesen von Erschaffung der Welt her an seinen Werken durch die Vernunft geschaut« (Röm 1,19–20) werden kann, dann gilt das auch von der Welt des Menschen, seinen Handlungen und Schicksalen. An ihr noch vielmehr als an den Dingen der Natur sollte »die ewige Macht und Göttlichkeit« des Schöpfers deutlich werden. Der Wille des Menschen verwirrt aber alles derart, daß die Geschichte ebensosehr den Charakter der Ausweglosigkeit und Sinnlosigkeit wie den der Führung und Wahrheitsverwirklichung trägt. So kann sie das unerleuchtete Herz ebenso leicht von Gott weg wie zu Ihm hinführen.

Geschichtlichkeit bedeutet weiter, daß der menschliche Wille frei ist; und nicht nur frei im Gleichgültigen und Beliebigen, sondern auch im Wichtigen, ja sogar in dem, was über den letzten Sinn des Daseins entscheidet. Der Mensch steht unter dem Anruf des Guten. Er soll es aus seiner Freiheit heraus tun; das aber setzt voraus, daß er es auch unterlassen, ja ihm entgegenhandeln könne – die Möglichkeit also, sich für oder gegen Gott zu entscheiden. Diese Freiheit ist zwar nur vorläufig und in sich fragwürdig; sie muß aber sein, wenn die eigentliche Freiheit errungen werden soll, in welcher der Geist das Gute so klar sieht, und das Herz so vollkommen von ihm erfüllt ist, daß der Mensch anders überhaupt nicht mehr zu wollen vermag.

Daß die Freiheit besteht, bestimmt das Wesen der Geschichte. Sie ist der Zustand, in welchem der Mensch das Gute wollen soll, aber auch das Böse wollen kann. Das Böse zu wollen, bedeutet meistens, etwas an sich Gutes zu wollen, aber in einem Augenblick, in dem es nicht an der Zeit; in einer Situation, in der es nicht am Platze; in einem Maße, das durch die Ordnung verwehrt ist. Die Möglichkeit, solcherart falsch zu sehen und zu handeln, gehört zur Geschichte. Ja zur Geschichte gehört die noch schlimmere Möglichkeit, sich gegen das Gute selbst aufzulehnen, am Bösen Lust zu haben, die Zerstörung selbst zu wollen.

Das Gute ist im Letzten die Heiligkeit Gottes selbst. Die Forderung des Guten, getan zu werden, ist der Wille Gottes, daß die Welt sein Reich sei. Die Geschichte als der Zusammenhang des menschlichen Handelns soll der Vollzug des Guten, das Werden des heiligen Reiches sein. Ebendarin soll sich das Wesen des Menschen erfüllen, und aus dem Werk des Menschen die eigentliche Welt heraufwachsen. Das alles ist aber der Freiheit anvertraut und damit ins Spiel gestellt. Man sagt wohl, der Wille Gottes könne nicht vereitelt werden; das trifft aber nur für den Bereich der Natur, nicht für den der Freiheit zu. Gott meint es ehrlich mit der Freiheit des Geschöpfes; so gibt er Seinen Willen in die Möglichkeit, vereitelt zu werden, und diese Möglichkeit verwirklicht sich ja auch immerfort. Da aber Gottes Wille eben doch Er-selbst ist, bedeutet das, daß Er nicht olympisch unberührt über der Geschichte steht, sondern in einer nicht leicht zu bestimmenden, aber sehr ernsten Weise von der Geschichte betroffen wird. Das geht noch tiefer, wenn, wie Er selbst uns sagt, jener Wille Liebe ist. Dann hat das Lieben Gottes einen Ernst, der Schicksal bedeutet.[12]

Zur Geschichte gehört endlich etwas, das zunächst selbstverständlich scheint, dann aber um so tiefer befremdet: daß nämlich der Wert nicht mit der Macht eins ist. »Wert« ist das, was bewirkt, daß etwas ein Recht hat, zu sein; das, worin gerechtfertigt ist, daß eine Handlung geschehe. Das Essen wird durch die Erhaltung des Lebens gerechtfertigt, die Mühe für den Freund durch die Treue, die Anstrengung des Denkens durch die Wahrheit. Wenn diese Werte in der rechten Weise und Ordnung verwirklicht werden, erscheint in ihnen das Gute. Es ist etwas Eigenes und zugleich der Inbegriff aller einzelnen Werte; es ist, sorglos ausgedrückt, der jeweils richtige Wert.[13] Dieses Gute ist das Höchste, der Sinn des Daseins: so müßte es auch, scheint uns, die unmittelbare Kraft der Selbstdurchsetzung haben. Das ist aber nicht der Fall; so wenig, daß die Behauptung, eigentlich müsse es so

[12] Dazu Guardini, »Drei Schriftauslegungen«: Dritte Auslegung: Die christliche Liebe, 1 Kor 13. Würzburg ^{2}1958.

[13] Dazu Guardini, »Das Gute, das Gewissen und die Sammlung«, Mainz ^{5}1962, S. 12ff.

sein, ein Lächeln hervorruft. Je höher der betreffende Wert steht, je wichtiger also das in ihm erscheinende Gute ist, desto weniger selbstverständlich ist es, daß er verwirklicht werde. Der Wert der Lebenserhaltung ist durch den Trieb ohne weiteres sichergestellt; der der Gesundheit und physischen Schönheit fordert schon Bemühung; Treue verwirklicht sich nur durch Opfer hindurch. Jedesmal hat also das Gute weniger unmittelbare »Macht«.

Die Geschichte ist jener Zustand des Daseins, in welchem das Gute um so weniger unmittelbare Macht hat, je höheren Ranges es ist. Immer mehr muß es an die Großmut des Menschen appellieren, damit er für das eintrete, was gültig und edel ist. Darin besteht ja das Märchen, daß es ein Dasein ersinnt, in welchem das Gute ohne weiteres auch das Mächtige ist. Das Kind – das an Jahren, wie auch das im Inneren jedes Menschen verborgene – glaubt daran; Erwachsenwerden aber heißt, zur bitteren Einsicht gelangen, wie es in Wirklichkeit steht. Es sollte so sein, daß der gute Mensch ohne weiteres auch der starke wäre; der reine Mensch ebendamit der gesunde; der edle dadurch, daß er edel ist, auch der reiche und glänzende; der für das Gute kämpfende auch der glückhafte – so ist es aber nicht. Das Sein wird nicht unmittelbar durch den inneren Sinn geformt, das Gedeihen ist nicht notwendig der Ausdruck des rechten Meinens, das Glück kann durchaus vom Verdienst getrennt sein, die Schönheit kann eine gefährliche Unabhängigkeit vom Guten gewinnen – und wie man immer das bedrängende Geheimnis ausdrücken mag, daß, solange die Geschichte währt, die Ordnung im Sinn sich mit der im Sein nicht deckt.

Das bedeutet aber letztlich, daß in der Geschichte Gott selbst im unmittelbaren Sinne »machtlos« ist – ebendeshalb, weil er den Menschen frei gewollt hat und diese Freiheit achtet. Gottes Wahrheit und Heiligkeit waltet in der Geschichte – es ist aber möglich, daß der Mensch gleichgültig bleibt; daß er erklärt, Gott »gehe ihm wider den Geschmack«; daß er verkündet: »Gott ist tot«. Das alles kann geschehen, ohne daß der Mensch vom Blitz getroffen wird, ohne daß die Erde bebt, ohne daß die Welt aus ihren Fugen geht. Auch Gott muß die Großmut des Menschen anrufen; und das Schönste im Glauben ist die heilige Ritterlichkeit, die für den in der unmittelbaren Welt Machtlosen eintritt.

Diese drei Tatsachen bestimmen das Wesen der Geschichte. Aus ihnen folgt aber auch, daß diese sich nicht in sich selbst erfüllen kann, sondern über sich hinausweist. Der Mensch verlangt – muß verlangen, er mag wollen oder nicht –, daß die Verschlossenheit und Unwahrheit aufgehellt werde, daß die Möglichkeit zum Bösen in der echten Freiheit aufgehe, daß das Gute zur Ordnung der Wirklichkeit werde, und das Böse sich als das offenbare, was es ist, nämlich Sinnlosigkeit und Nichts; das heißt, er muß nach dem Gericht verlangen.

Im Menschen ist ein unausrottbares, mit seinem Wesen gegebenes Verlangen nach der Gerechtigkeit. Und nicht nur in dem kleinen Sinne, daß er bekommen will, was er bezahlt, oder das Unrecht gesühnt sehen will, das man ihm angetan hat, sondern viel tiefer: als Verlangen, daß Gerechtigkeit werde um ihrer selbst willen, ihm persönlich und allen anderen und dem Ganzen. Das Dasein soll in die Gerechtigkeit kommen, die Welt soll so werden, wie es recht ist – danach verlangt er, obwohl er weiß, daß dieser Wunsch sich gegen ihn selbst richtet, denn er ist ja nicht nur das Opfer, sondern auch der Täter des Unrechts. Wenn er die Gerechtigkeit anruft, ruft er sie wider sich selbst an, und dennoch muß er sie rufen. Er muß wollen, daß Gerechtigkeit werde, und sollte er auch darüber selbst zu Grunde gehen.

Allgemeine Vorstellungen vom Weltgericht

Am Ende der Geschichte muß das Gericht stehen. Darin wird die Geschichte aufhören und sich vollenden zugleich. Dieses Bewußtsein haben alle Zeiten gehabt; so haben wir nun zu fragen, was die christliche Botschaft unter Gericht versteht. In ihm wird das Seiende offen, und der Trug verschwindet. Alles Innere und Innerste, Gutes wie Schlimmes, tritt in den Ausdruck. Nichts erscheint, was nicht von Wesen und Gesinnung her so ist. Jedes Seiende kommt in die Wahrheit.

Es gibt auch keine Möglichkeit mehr, das Böse zu wollen. Das Gute wird von Gott her derart offenbar, daß der Mensch sich ihm nicht mehr verschließen kann. Es erfüllt seinen Blick, durchdringt sein Inneres, und er kann nicht anders als einsehen, daß nur das Gute berechtigt ist, zu sein. Vom Bösen hingegen wird sich zeigen, daß es weder notwendig ist, noch welterfahren, noch lebensvoll, noch heroisch, und was immer, sondern schlechthin überflüssig.

Jedes wird genau in dem Maße wirklich, lebendig, schön, glückselig sein, als es wahr und gut ist. Die Wahrheit und das Gute werden ausbrechen, mit der Macht eins werden, die Herrschaft übernehmen und

alles durchwalten. Das Unwahre und Böse wird nicht etwa nur bestraft, sondern durch die Allgewalt der Heiligkeit aus dem Sein gedrängt werden, ohne doch im Nichts verschwinden zu können, und das wird die Verdammnis sein.
Wie geschieht das aber? Wie sieht der Vorgang aus, durch den diese Richtigstellung des Daseins erfolgt?

Aus den verschiedenen Antworten, die gegeben werden, treten drei besonders hervor.
Nach der ersten ist die Geschichte ihr eigenes Gericht, denn sie drängt ins Klare. Jede Handlung hat ihre Folgen, und diese Folgen bringen weitere hervor; so entsteht eine Kette von Wirkungen, in welcher allmählich das Innere offenbar wird, und das Gute sich vom Bösen scheidet. Im Kampf der Motive siegen schließlich die guten, denn sie sind seinsfähiger als die bösen. Da das Dasein zum Guten strebt, vollzieht sich, im Ganzen gesehen, ein eindeutiger Fortschritt. Am Ende steht die volle Klarheit, in welcher alles Voraufgegangene gerichtet ist. Und wenn sich auch dieses Ende vielleicht nie verwirklicht, und alle Geschichte nur in der Annäherung an das Unerreichbare besteht, so bildet das Ziel doch eine zu jeder Stunde und an jeder Stelle wirkende Macht.
Der Gedanke hat etwas Kraftvolles und Vertrauendes, stimmt aber mit der Wirklichkeit nicht überein. Die Geschichte ist nicht so gebaut, daß in ihr die Motive eindeutig zur Auswirkung kämen. Wenn ich etwas an sich Richtiges sage, kann es, je nach dessen Anlage und Gesinnung, im einen Hörer zum Guten, im anderen zum Schlimmen wirken; wie soll sich daran der Wert des Gesagten erweisen? Und die Aus-

sicht, daß es geschehen werde, nimmt auch nicht zu, wenn der Hörende den Gedanken seinerseits an andere, und diese ihn wieder an andere weitergeben. Oder wird ein Leben dadurch, daß es lang dauert, notwendig klarer? Kann ein alter Mann hinsichtlich seiner Motive nicht ebenso blind und verstockt sein wie ein junger, ja noch heilloser blind, noch bitterer verstockt? Die Folgen offenbaren nicht nur, sondern verhüllen auch; oft so sehr, daß überhaupt kein Urteil mehr möglich ist. Denn das Verhältnis von Ursache und Wirkung geht ja nicht von Ding zu Ding, sondern von Mensch zu Mensch. Dort wäre eine einfache Kausalität, und in den Folgen wären die Ursachen wirklich enthüllt; hier hingegen tritt ein Moment ins Spiel, das in keine Ursächlichkeitsrechnung aufgelöst werden kann, nämlich die Freiheit. Im Grunde fängt die Geschichte mit jedem Menschen neu an... Auch steht es ganz dahin, ob das Gute auf die Dauer kräftiger ist als das Böse. Zuweilen scheint der böse Wille eine solche Wirklichkeitsmacht zu haben, daß der redlich bemühte Mensch sich ganz töricht vorkommt... Zugegeben aber selbst, daß am Ende die Geschichte als Ganzes ins Licht träte, so würde dadurch die Forderung nach der Gerechtigkeit keineswegs erfüllt; denn was diese verlangt, ist, daß jeder Mensch das Recht finde, und jede Zeit das ihre, jedes Volk – jedes in sich selbst, nicht nur im Zusammenhang des Ganzen.

Es ist nicht festzustellen, auf welches Ende die Geschichte sich zubewegt – ja nicht einmal, ob sie aus sich selbst heraus überhaupt auf ein Ziel ausgerichtet ist. Man kann mit ebenso guten Gründen sagen, sie gehe aufs Offene zu, oder sie verstricke sich immer mehr, oder sie laufe ohne erkennbaren Gesamtsinn weiter; und was man sagt, hängt im letzten vielleicht gar nicht von wirklichen Gründen, sondern davon ab, ob man den Optimismus der Jugend oder den nüchternen Blick des Alters hat, ob man gesund oder krank, schaffensfähig oder gehemmt ist... So schlägt denn auch jene Ansicht immer wieder um und sagt, ein eigentliches Gericht über Wert und Gesinnung gebe es ebensowenig wie einen gültigen Maßstab für Gut und Böse. Gut sei das, was Erfolg habe; wertvoll das, was sich durchsetze; und darin, daß etwas untergehe, werde eben deutlich, daß es kein Recht gehabt habe, zu sein. Damit ist aber jeder sittliche Sinn des Daseins aufgehoben.

Eine andere Meinung sagt: In der Geschichte gehen die Dinge, wie sie gehen müssen. Das Stärkere siegt über das Schwächere, das Geschicktere über das Ungeschicktere, das Erfindungsreiche über das Einfältige. Von Gut und Böse kann man hier überhaupt nicht reden, sondern das gehört in den Raum der Gesinnung, der Innerlichkeit. »Gericht« aber besteht darin, daß der Mensch sich selbst beurteilt und erkennt, wie er es meint und was er in jenem geistigen Raum wert ist. Im übrigen appelliert diese Anschauung an eine Ordnung über der Wirrnis der Geschichte, über den Härten und Verschlossenheiten der Erde, über den Unentrinnbarkeiten des Daseins, die nur vom Geiste und der Wahrheit bestimmt ist, und in welcher das Herz des Menschen sein Recht bekommt. Diese Ordnung wird mit dem Begriff der Ewigkeit verbunden und irgendwo über dem Menschen oder hinter dem Tode angesetzt.
Damit ist aber die Einheit des wirklichen Daseins preisgegeben. Denn dann zerfällt es in zwei abgeson-

derte Bereiche. Der eine ist in den Notwendigkeiten der Natur und des Handelns der Unentrinnbarkeit von Ursache und Folge ausgeliefert; der andere wird von den Maßstäben des Wahren und Guten bestimmt und gibt dem Herzen sein Recht. Zwischen ihnen besteht aber keine Beziehung, und in den Raum der Wahrheit einzutreten, bedeutet, das irdische Dasein und seine Verwirrung unter sich zu lassen, »im wesenlosen Scheine« – also eine Kapitulation. Und wenn man genauer fragt, wo denn dieser Raum der Freiheit und Wahrheit sei; wie der Mensch in ihn eintrete, und wodurch die Gerechtigkeit hergestellt werde, bekommt man entweder überhaupt keine Antwort, oder es tauchen blasse Begriffe von »Geist«, »höchstem Wesen«, »ewiger Gerechtigkeit« auf, in denen man bald Verflüchtigungen christlicher Gedanken erkennt.

Eine dritte Antwort ist dann jene, die überall von den verschiedenen Religionen gegeben wird. Danach tritt das Ende für jeden Menschen nach seinem Tode, für das Ganze des Daseins aber dann ein, wenn die Weltzeit vorüber ist. Alsdann gelangen sie vor die Gottheit. Diese steht auf Seiten der Wahrheit und des Guten; durchschaut die Verhülltheit und Verworrenheit alles Irdischen und spricht darüber ein Urteil, das jedem gibt, was ihm zukommt.

Was diese Vorstellung eigentlich bedeutet, ist nicht leicht zu sagen. Die Entwicklung, die sie im Laufe der Zeit nimmt, die Art, wie sie in philosophische und allgemein ethische Vorstellungen übergeht, zeigt, daß sie zum großen Teil nichts ist als der Glaube, das Dasein stehe unter einer sittlichen Ordnung, und diese werde sich einmal und endgültigerweise durchsetzen.

Letzten Endes werde doch die Wahrheit siegen und allem seinen echten Wert geben. Nur verläuft der Vorgang gleichsam in zwei Abschnitten, nämlich vor und nach dem Tode des Einzelnen, vor und nach dem Ende der Welt... Zugleich enthält sie aber ein anderes Element, welches seine eigentliche Erfüllung erst in der Offenbarung findet: daß nämlich das Dasein nicht aus sich selber in die Klarheit zu gelangen vermag, vielmehr eine Macht von über ihm her es ergreifen und unter Urteil stellen muß; und daß jene Durchlichtung, Beurteilung und Sinnvollendung, welche Gericht heißt, nicht aus dem Bloß-Geistigen, sondern aus dem Religiösen kommt. Die Macht, welche die Welt richtet, ist also nicht einfachhin »das Wahre« und »das Sittlich-Gute«, sondern das Heilige; und die Endgültigkeit des Gerichtes kommt letztlich nicht daher, daß der Sinnverhalt von Menschenleben und Geschichte richtig gesehen und beurteilt wird, sondern daß die göttliche Heiligkeitsmacht die offene Herrschaft über das Dasein antritt.

Die Lehre der Offenbarung

Gegen Ende seines Lebens, in den Tagen seines letzten Aufenthaltes in Jerusalem, sagt Jesus: »Bald nach der Bedrängnis jener Tage aber wird sich die Sonne verfinstern, und der Mond wird seinen Schein nicht mehr geben, und die Sterne werden vom Himmel fallen, und die Kräfte der Himmel werden erschüttert werden. Und dann wird das Zeichen des Menschensohnes am Himmel erscheinen. Und dann werden alle Völker der Erde wehklagen, und sie werden den Menschensohn kommen sehen auf den Wolken des Him-

mels mit großer Macht und Herrlichkeit. Und er wird seine Engel aussenden mit gewaltigem Trompetenschall, und sie werden seine Auserwählten zusammenholen von den vier Winden her, von einem Ende der Himmel bis zum andern.« (Mt 24,29–31)
Und wieder: »Wenn aber der Menschensohn kommt in seiner Herrlichkeit und alle Engel mit ihm, wird er sich auf den Thron seiner Herrlichkeit setzen; und alle Völker werden vor ihm zusammengebracht werden, und er wird sie voneinander scheiden, wie der Hirte die Schafe von den Böcken scheidet, und er wird die Schafe auf seine rechte, die Böcke aber auf seine linke Seite stellen. Hierauf wird der König zu denen auf seiner Rechten sprechen: ›Geht hin, ihr Gesegnete meines Vaters, und nehmt zum Anteil das Reich, das euch bereitet ist von Erschaffung der Welt an. Ich habe gehungert, und ihr habt Mir zu essen gegeben; Ich habe gedürstet, und ihr habt Mich getränkt; Ich war fremd, und ihr habt Mich zu Gast geladen; war bloß und ihr habt Mich bekleidet; Ich war krank und ihr habt Mich besucht; Ich war im Gefängnis und ihr seid zu Mir gekommen.‹ Hierauf werden ihm die Gerechten antworten: ›Herr, wann haben wir Dich hungern sehen und gespeist, oder durstig und Dich getränkt? Wann haben wir Dich fremd gesehen und zu Gaste geladen, oder bloß und Dich gekleidet? Wann haben wir Dich krank gesehen, oder im Gefängnis, und sind zu Dir gekommen?‹ Und der König wird zu ihnen sagen: ›Wahrlich, ich sage euch, so viel ihr einem dieser meiner geringsten Brüder getan, habt ihr Mir getan.‹ Hierauf wird er auch zu denen auf der Linken sprechen: ›Hinweg von Mir, ihr Verfluchte, in das ewige Feuer, das dem Teufel und seinen Engeln bereitet ist. Denn ich habe gehungert und ihr habt Mir

nicht zu essen gegeben; Ich habe gedürstet und ihr habt Mich nicht getränkt; Ich war fremd und ihr habt Mich nicht zu Gaste geladen; war bloß und ihr habt Mich nicht gekleidet; krank und im Gefängnis und ihr habt Mich nicht besucht.‹ Hierauf werden auch sie antworten: ›Herr, wann haben wir Dich hungern, oder dürsten, oder fremd, oder bloß, oder krank oder im Gefängnis gesehen, und haben Dir nicht gedient?‹ Hierauf wird er ihnen antworten: ›Wahrlich, Ich sage euch, so viel ihr einem dieser Geringsten nicht getan habt, habt ihr auch Mir nicht getan.‹ Und diese werden hingehen zu ewiger Strafe, die Gerechten aber zu ewigem Leben.« (Mt 25,31–46)

Wenn wir diese Texte lesen und die Gewöhnung, welche einen Schein der Vertrautheit schafft, wegtun, sehen sie uns plötzlich fremd an. Sie widersprechen unserem Gefühl. Sie reden aus Voraussetzungen, von denen wir nicht wissen, ob wir sie je teilen können. Sind wir aber im Umgang mit der Offenbarung auch nur ein wenig erfahren und haben wir im Umgang mit dem Menschen auch nur etwas von jenem Mißtrauen in seine unwillkürlichen Stellungnahmen gelernt, das den Anfang aller christlichen Erkenntnis bildet, dann werden wir gerade vor dieser Fremdheit aufmerksam und sagen uns, hier müsse das Eigentliche liegen.
Und zwar besteht das Befremdende im Konkreten, ja Personenhaften des Vorgangs. Der neuzeitliche Mensch ist gewohnt, nur jenes Denken als ernsthaft anzusehen, das die Dinge aus den Notwendigkeiten der Natur oder aus den Gesetzmäßigkeiten des Geistes heraus versteht. Er betrachtet das Dasein als ein System von Stoffen und Kräften, Gesetzen und Ordnungen. Darin verläuft jeder Vorgang. Kind und Volk

mögen die Dinge so anschauen, als wenn da Wesen handelten, nach Art der Märchen und Sagen also; der Erwachsene und Gebildete kann das nicht. Er glaubt erst dann richtig zu denken, wenn er alles aus einem großen Zusammenhang von Natur- und Geistesgesetzen begreift – auch den Menschen, auch seine Schicksale, auch die Geschichte und ihren Gang. Wenn also schon ein »Gericht« angenommen werden soll – das heißt, ein Vorgang, worin Menschenleben und -Tun durchblickt, beurteilt und in ihr ewig gültiges Sein gestellt werden –, dann kann das, scheint ihm, nur so verstanden werden, daß der Mensch – richtiger gesagt, sein Geist – vor die unverhüllte Klarheit Gottes gelangt und darin sein Leben durchsichtig und sein Wert deutlich werden. In der Gerichtsrede Jesu erscheint der Vorgang aber ganz anders. Da wird nicht von »Gott an sich«, vom allwissenden und allgerechten Geiste, sondern vom menschgewordenen Sohne Gottes, von Christus gesprochen. Und der Vorgang erscheint nicht so, daß der Mensch durch die einfache Tatsache seines Sterbens, und die Geschichte durch die ihres Endes vor Gott gelangten, sondern Christus »kommt«, tritt an die Welt heran und wirft sie aus ihrem diesseitigen, naturhaften, die Verschlossenheit der Geschichte ermöglichenden Zustand. Ein Vorgang letzter Infragestellung vollzieht sich, der alles Seiende vor Christi Gegenwart bringt. Vor Ihn gelangen auch die Menschen; nicht nur ihr Geist, sondern ihre konkrete, leibseelische Wirklichkeit; nicht nur die Einzelnen, sondern auch das Ganze der Geschichte. Damit das geschehen könne, steht der gestorbene und zerfallene Leib – nicht auf Grund irgendwelcher Wesensnotwendigkeiten, sondern durch Christi Befehl gerufen – von den Toten auf.

Und der Gerichtsvorgang selbst ist kein einfaches Klarwerden vor der ewigen Lichtmacht und Heiligkeit Gottes, sondern vollzieht sich so, daß Jesus Christus, der einst auf Erden war und jetzt in seiner ewigen Herrlichkeit ist, das Ganze der Geschichte sowohl wie jeden Menschen darin durchblickt, beurteilt und ihm seine vor Gott gültige Existenzform zuweist.

Solche Gedankegänge empfindet der neuzeitliche Mensch als phantastisch – allenfalls als symbolisch. In dieser Weise, behauptet er, denken Kinder oder primitive Völker. Ihre Mythen, Sagen und Märchen stellen die Weltvorgänge »anthropomorph« vor; das heißt so, wie der Mensch lebt und handelt. Sobald das Kind erwachsen und das Naturvolk von der Kultur durchwirkt ist, erkennen sie, daß alles nach strengen Gesetzen vor sich geht und mit naturwissenschaftlichen oder philosophischen Begriffen gedacht werden muß. Auch die christliche Lehre vom Gericht ist ein solcher Mythos, der alsdann einer ernsthafteren Anschauung weichen muß.

Hier stehen wir wieder vor der Entscheidung über den Sinn der Offenbarung: vor der Wahl, ob wir den Glauben auf den Bereich des Gefühls beschränken und unsere Gedanken nach denen der Allgemeinheit richten, oder ob wir auch im Denken christlich sein wollen. Denn das, was die Neuzeit für primitiv, kindlich, anthropomorph erklärt, ist gerade das Eigentliche. Die letztgültige Bestimmung der Welt und der Geschichte kommt weder aus den allgemeinen Gesetzen der Natur und des Geistes, noch aus dem Hintritt vor die absolute Gotteswirklichkeit, sondern aus einem göttlichen Tun. Wohlverstanden: aus einem Tun, nicht aus einem Wirken; aus einem Handeln, nicht aus einem Walten – ebenso wie der ganze Heilszusammenhang nicht auf einer höheren Naturordnung, sondern auf einem geschichtsschaffenden Handeln Gottes ruht, das sich im Raum der natürlichen Geschichte und durch ihr Geschehen hin vollzieht; ebenso wie die Welt nicht als Natur-Wirklichkeit aus Natur-Ursachen entsteht, sondern als Gotteswerk durch sein freies und allmächtiges Wort ins Sein gerufen worden ist. Wenn wir auch im Denken Christen sein wollen, dann können wir das Verhältnis Gottes zur Welt, dem Menschen und dem Ganzen des Daseins letztlich nicht mit Begriffen erfassen, die aus der Naturwissenschaft oder Metaphysik stammen, sondern nur mit solchen aus dem Bereich der Person – also gerade mit den verpönten »anthropomorphen« Begriffen des Tuns, der Entscheidung, des Schicksals, der Freiheit. Die ganze Heilige Schrift redet so, und wenn man sich ehrlich genug und vor allem lange genug um die Wahrheit bemüht hat – so lange, daß die falschen Vorstellungen Zeit hatten, abzufallen, und die Dinge Zeit genug, um sich als das zu zeigen, was sie sind –, dann sieht man auch, daß endgültigerweise jene angeblich anthropomorphen Begriffe allein zutreffen.

Das Gericht ist die letzte in der Reihe der Taten Gottes; geschehend aus der Freiheit Seines Ratschlusses und vollzogen durch Den, bei dessen Erscheinen auf Erden die Menschen das göttliche Geschichtswalten abgelehnt haben, dessen Schicksal aber, da Gott treu war, zur Erlösung wurde; der von da ab durch die ganze Geschichte »das Zeichen« bleibt, »dem widersprochen wird«, das Mal der Entscheidung für den

Einzelnen wie für die Völker. Er vollzieht das Gericht. Und Er kann es, weil Er der Sohn Gottes ist; der Logos, »durch den alles geschaffen wurde, was geschaffen ist«, und dessen Eigentum die Welt bleibt, auch wenn sie es nicht will.

Das Fremde, unsere wissenschaftlichen und philosophischen Ansichten Umstürzende greift aber noch tiefer. Wie geht denn dieses Richten vor sich? Auf welcher Grundlage und nach welchem Maßstab bestimmt es den Wert des Menschen?
Zunächst würden wir annehmen, was gerichtet werde, müsse das Tun und Lassen des Menschen sein, seine Handlungen wie sein Charakter, die Einzelheiten und das Ganze, jeweils nach der Vielfalt der dafür verbindlichen Normen und Werte. Statt dessen sehen wir alles eingeschmolzen auf ein Einziges, nämlich die Liebe, und zwar jene Liebe, die sich vor der Not des anderen erweist... Gut, sagen wir. Es handelt sich offenbar um »das erste und größte Gebot und das andere, das diesem gleich ist«, von denen Jesus im Evangelium redet; um die Tatsache, von welcher der Apostel spricht, wenn er schreibt, im Gebote der Liebe »erfülle sich das ganze Gesetz«. Mithin wird nur von der Liebe angesichts der Not des Nächsten gesprochen, aber der ganze Bereich des Liebesgebotes gemeint; es wird nur von der Liebe gesprochen, in sie aber alles rechte Tun und Werden und Sein miteinbegriffen.

In welcher Weise wird aber der Maßstab der Liebe aufgestellt und angewendet? Man denkt, der Richter müßte sagen: Du hast die Liebe geübt, also sei bestätigt; du hast ihr widersprochen, also sei verworfen.

Statt dessen sagt Er: Du bist bestätigt, weil du gegen Mich Liebe geübt; bist verworfen, weil du Mir die Liebe verweigert hast... Auch das ist verständlich, könnte man erwidern. Die Liebe ist über allem und soll gegen alle Menschen geübt werden; Christus aber, der dieses Gebot verkündet und es selbst vollkommen erfüllt hat, stellt sich gleichsam hinter jeden Menschen, um seiner Person so das letzte Gewicht zu geben.

Das wäre an sich möglich; wenn wir aber den Zusammenhang unvoreingenommen prüfen, sehen wir, daß er nicht so gemeint ist. Da erscheint nicht die Liebe als die höchste, durch Christus verkündete Norm, welcher alle, auch Christus selbst, verpflichtet wären, sondern die Norm der Liebe ist Er selbst. Sie beginnt mit Ihm und besteht durch Ihn. Ohne Ihn gibt es diese Norm nicht; und was aus menschlichen oder philosophischen Voraussetzungen darüber gesagt wird, trifft die hier gemeinte Liebe ebensowenig, wie etwa die Göttlichkeit des Himmelraumes das ist, was im Neuen Testament der Vater, oder der Zusammenhang des Geschehens das, was Seine Vorsehung genannt wird.

Nun öffnet sich die ganze Eigentümlichkeit, ja Ungeheuerlichkeit der christlichen Gerichtsbotschaft: Der Maßstab, nach dem gerichtet wird, ist das Verhalten gegenüber Christus. Aufrichtigkeit, Gerechtigkeit, Pflichttreue, Reinheit und was immer sittlich gilt, ist letztlich rechtes Verhalten gegen Ihn. Wenn wir von »Wahrheit« reden, meinen wir damit einen allgemeinen Sinnverhalt, nämlich die Tatsache, daß wir irgend etwas im Lichte der ewigen Wesenheit erkennen. Johannes aber sagt im Prolog: Das ist ein bloßer Zwischengedanke, der nur bedingt gilt. Im Letzten ist die Wahrheit Er, der Logos; und Erkennen bedeutet im Letzen, den Logos, Christus zu erkennen und alle Dinge in Ihm. Ebenso hier: Wenn wir vom »Guten« reden, meinen wir damit den höchsten Wert; und unter rechtem Tun verstehen wir dessen Verwirklichung. Die Gerichtsrede hingegen sagt: Endgültig ist Er, Christus, das Gute; und gut handeln heißt Christus lieben. »Die Wahrheit« und »das Gute« sind endgültigerweise keine abstrakten Werte oder Ideen, sondern ein Jemand, Jesus Christus... Umgekehrt kann man sagen, wo immer einer etwas Wahres erkennt, ist es eine wenn auch nur erst begonnene Erkenntnis Christi. Und wo immer jemand etwas Gutes tut, läuft es im Ende zu Christus und ist ein Gutes auf Ihn zu; ebenso wie jedes böse Tun, was auch sein nächster Inhalt sei, letztlich einen Angriff gegen Ihn bildet. Das Gute kann an den verschiedensten Stellen aufleuchten, im Menschen, in Dingen, in Ereignissen – letztlich bedeutet es immer Jesus Christus. Der Handelnde braucht gar nicht an Christus zu denken; auch wenn er es zunächst nur mit einem Menschen zu tun hat, mündet sein Tun vor Christus aus. Er braucht von Christus nicht einmal zu wissen; auch wenn er nie von Ihm gehört hat, ist sein Handeln auf Christus zu.

Das alles durch die Weite der Welt und den Gang der Jahrtausende hin, im Leben jedes einzelnen Menschen wie in den Zusammenhängen der soziologischen Ganzheiten zu durchblicken, zu beurteilen und auf seinen ewigen Sinn hin festzustellen, ist die Gottestat des Gerichtes. Christus wird kommen und sie vollziehen. Das Urteil wird unwiderruflich sein, weil

es wahr ist, der genaue und restlose Ausdruck der Wahrheit jedes Menschen und jedes Zusammenhangs. Aber auch, weil es Macht haben wird; soviel Macht, als Wahrheit, und das heißt, absolute und unwiderstehbare. Das Urteil wird die Existenz des Menschen und der Menschheit begründen, vor Gott und für ewig.
Christus ist aber nicht nur Richter, sondern auch Erlöser. Als Richter ist Er Erlöser. Das Gericht ist nicht die Rache des beleidigten Gottessohnes; sein persönlicher Triumph über seine Feinde. Wenn gesagt wurde, die Wahrheit und das Gute seien Person, Er, Christus, dann sind sie damit nicht aus ihrer reinen Gültigkeit ins »Persönliche« abgeglitten, sondern das Gericht bleibt lautere Gerechtigkeit. Aber eine Gerechtigkeit, die nicht für sich steht, sondern lebendige Gesinnung Christi und mit seiner Liebe verbunden ist. Im Gericht vollendet sich die Erlösung.

Wie ungeheuer wird diese Vorstellung! Die neuzeitliche Denkweise, welche das ganze Dasein in naturwissenschaftlichen Gesetzen oder philosophischen Systemen auffaßt, wird umgeworfen. Nicht Ideen und Gesetze sind das Eigentliche, sondern Wirklichkeiten. Die wirklichste aller Wirklichkeiten aber ist ein Jemand: der menschgewordene Sohn Gottes. Er ist, der Er war, Jesus von Nazareth; wird aber offenbar als der Herr, mächtiger als die Welt, größer als die Geschichte, umfassender als alles, was Idee, Wert, Sittengesetz heißt. Dieses alles ist wesentlich, endgültigerweise aber nur Ausstrahlung von Ihm.
Die Lehre vom Gericht ist also im Letzten eine Offenbarung Christi. Und wir erkennen die Aufgabe, die das Christwerden stellt: Ihn so allhaft zu sehen, seine

Gestalt so mächtig im Herzen zu tragen, daß er über Welt, Geschichte und Menschenwerk hinauswächst und fähig wird, das alles zu durchblicken, zu wägen und ihm seinen ewigen Wert zuzuweisen – mit einem Wort, es zu richten.[14]

[14] Dazu Guardini, »Das Wesen des Christentums«, Würzburg ^{5}1958, S. 69ff.

Die Ewigkeit

Zeit und Ewigkeit

Das Wort »ewig« gehört zu jenen, die der neuzeitliche Sprachgebrauch am tiefsten zerstört hat. Es bedeutet alles mögliche – bis zum einfachen Ausdruck für etwas Wichtiges oder Geheimnisvolles. Das ist schlimm, denn ein Wort ist ja nicht bloß ein Verständigungszeichen, sondern ein lebendiges, leiblich-geistiges Gebilde. Zusammen mit den anderen Worten bildet es die Sprache, und als solche den Raum, in welchem der Mensch lebt; die Welt der Sinngestalten, aus denen ihm immerfort die Wahrheit aufleuchtet. Wenn also ein Wort zerfällt, geschieht viel mehr, als daß nun Leute, die miteinander sprechen, im unklaren sind, was der andere meint. Dann zerfällt eine jener Gestalten, in denen der Mensch existiert. Eine Sinnweisung wird unklar, deren er bedarf, um richtig gehen zu können. Ein Licht verlöscht, und sein geistiger Tag wird dunkler.
Es ist daher ein Dienst am menschlichen Dasein, Worte, welche durch die Gleichgültigkeit des täglichen Gebrauches zerstört worden sind, wieder ins Klare zu stellen... Was ist also die Ewigkeit?

Dem ersten Eindruck nach, der sich auch im Sprachgebrauch spiegelt, scheint sie unaufhörliche Dauer zu bedeuten. So spricht man etwa von »den ewigen Sternen«, oder vom »ewigen Leid der Menschen«, oder von der »ewigen Wiederkehr der Dinge«. Ein ähnlicher Sinn drückt sich auch in religiösen Vorstellungen, wie den Mythen vom Dasein nach dem Tode aus. So sagen etwa Hirten- und Jägervölker, einst werde

der Tote in die ewigen Jagdgründe kommen und dort das Leben, das er auf Erden geführt hat, in gesteigerter und wunderbarer Weise endlos weiterführen; oder andere geben dem Verstorbenen alles ins Grab mit, was ihm auf Erden wichtig war, Kostbarkeiten, Hausgeräte, Schiffe, Sklaven, in wirklicher Gestalt oder in Nachbildungen: ein Zeichen, daß die Ewigkeit als nie endende Fortführung des zeitlichen Daseins gedacht wird.
Diese angebliche Ewigkeit bedeutet aber nur »immer weitergehende Zeit«. Einen Un-Begriff also, den wir freilich in unserem geistigen Haushalt nicht entbehren können. Wir wissen, daß alle Zeit begrenzt ist, gemessen nach Stunden, Tagen, Jahren. Mögen sich also die Maße auch immer weiter ins Große steigern oder ins Kleine senken, so bleibt die Zeit doch begrenzt. Trotzdem können wir uns nicht vorstellen, daß die Weltzeit einmal zu Ende gehen solle – ebensowenig, wie wir uns vorstellen können, daß sie angefangen habe. Anfang wie Ende der Weltzeit sind Geheimnisse, mit denen wir von uns aus nicht fertig werden. Für unser Gefühl geht es immer weiter, rückwärts wie vorwärts; die religiösen Mythen aber übersetzen dieses Weitergehen ins Geheimnisvolle und verschleiern den Widerspruch durch das religiöse Gefühl.

Ihrem echten Sinn nach bedeutet Ewigkeit die Aufhebung der Zeit. Das ist schnell gesagt, aber nur aus dem Begriff heraus – so etwa, wie der Mathematiker aus der Konsequenz seiner Zahlen etwas behauptet, ohne daß man es deshalb auch vorstellen könnte. Ist ein zeitloses Sein vollziehbar? Ein der Zeit enthobenes Leben? Eine Wirklichkeit, die weder entsteht noch

vergeht; sich nicht wandelt, sondern einfachhin ist; und doch nicht starr, sondern lebendig und fruchtbar?
Vielleicht doch. Es scheint Erfahrungen zu geben, von denen aus man das Gemeinte wenigstens ins Gefühl bekommen kann.

Es gibt die mechanische Zeit. Sie besteht im einfachen Nacheinander, ohne Rücksicht auf das, was darin geschieht, im leeren Strombett des Geschehens. Ihren Ausdruck bildet die Uhr mit ihrer Gleichgültigkeit gegen das, was vorgeht; ihrer kalten Leblosigkeit – die freilich manchmal, gerade weil sie unserem von Freud und Leid bewegten Herzen fremd ist, eine so unheimliche Mächtigkeit bekommen kann.
Anders wird das Zeiterlebnis, in dem wir uns selbst vorfinden, die lebendige Zeit. Genau genommen, kennen wir ja nur dieses, denn auch das harte Vorrükken der Uhr hat seine Mächtigkeit daher, daß es unser Leben mißt. Dabei steht aber die Zeit sozusagen am Rande des Lebensstromes, als dessen äußeres Maß; hier hingegen sprechen wir von der unmittelbaren Erfahrung unseres eigenen Dahingehens, und darin hat die Zeit einen ganz anderen Charakter. So sind eine von starkem Gefühl erfüllte und eine innerlich leere Stunde für unsere Erfahrung nicht gleich lang. Die eine vergeht im Nu, die andere will kein Ende nehmen. Blicken wir aber zurück, dann dreht sich der Eindruck um: die »langweilig« sich dahinschleppende Stunde erscheint wie ein Nichts, die in der Mächtigkeit des Erlebens so rasch durchlaufene hingegen liegt breit in unserer Erinnerung. Sobald also das eigene Leben ins Spiel kommt, gewinnt die Zeit einen neuen Charakter. Sie ist das Nacheinander des

Geschehens; aber nicht einförmig, wie im Sich-Drehen der Uhr, wo sie nur aus der bloßen Abfolge bestand, sondern lebendig, wechselnd nach Sinnmächtigkeit, Tiefe und Intensität, bezogen auf unser eigenstes, einmaliges, von der Würde und Verantwortung der Person getragenes Dasein. Ihr Maß wird nicht nur von der Umdrehung des Zeigers, sondern auch von dem her bestimmt, was in ihr geschieht. Welche Möglichkeiten liegen aber in dieser Daseinszeit?

Ein Märchen erzählt, wie ein Zauberer den Kalifen aufforderte, er solle sein Gesicht in eine Schüssel mit Wasser tauchen. Der tut es und lebt ein ganzes Leben durch, und viele andere nachher; ist Mann und Frau und Wasserträger und Weiser und was alles noch. Schließlich schreckt ihn ein letztes Begebnis auf, da merkt er, daß er gerade sein Antlitz aus dem Wasser hebt. In der kurzen Zeit, die das Atembedürfnis ihm gestattet, hat er ein Unermeßliches an Lebbarem durchgemacht. Nur ein Märchen, das aber viel sagt. Stellen wir uns nun vor, aufgrund jenes Verhältnisses zwischen Zeitinhalt und -maß, Zeitlauf und -gewicht wäre es möglich, die Geschwindigkeit so zu steigern, daß ihre Ausdehnung sich auf einen Blitz hin zusammenzöge; zugleich die Bedeutung so anwachsen zu lassen, daß sie den Lebensraum immer mehr ausfüllte – dann würde die Linie zwar kein Ende erreichen, aber auf das Eigentliche, nämlich auf die Ewigkeit hindeuten: einen Zustand des Lebens, in welchem kein Vorübergehen mehr, sondern nur noch Gegenwart, kein Auseinander der Erlebnisse, sondern reines Beisammensein wäre. Und das aufgrund eines Inhaltes, dessen Größe, und aufgrund eines vollziehenden Aktes, dessen Kraft alles ausschlösse, was Langeweile heißt.

Eine andere Erfahrung. Das Leben enthält den Drang zur Schnelligkeit; sei es als Flucht von einer Gefahr weg, oder als Streben zu etwas Begehrenswertem hin. Es enthält aber auch den Gegendrang, nämlich zur Entspannung, Absichtslosigkeit und Ruhe. Wir kennen – allerdings sehr selten – Augenblicke, in denen es innerlich immer stiller wird. Begierde und Furcht verschwinden. Man begreift nicht mehr, wie man hinter den Dingen herjagen oder sich vor irgend etwas fürchten konnte. Man fühlt: noch ein Geringes, dann kommt der ruhelose Strom im vollendeten Augenblick zum Stehen, weil er ganz erfüllt ist, nicht von Diesem oder Jenem, das immer enttäuscht, sondern vom Dasein schlechthin, dem einfachen und allenthaltenden. Auch das ist ein Versuch des Lebens, die Zeit zu überschreiten und in die reine Gegenwart zu gelangen. Es gelingt nie; jene Augenblicke werden immer abgerissen, sei es durch etwas, was von außen her geschieht, oder durch ein inneres Aufschrecken. Trotzdem geben sie eine Richtung an, und wo diese hinweist, liegt die Ewigkeit.
Und noch eine dritte Erfahrung. Ich habe irgend etwas zu tun, mache es richtig, und die Sache ist erledigt. Von ihr bleiben in meinem Gefühl nur die Wirkungen zurück: daß der erstrebte Zweck erreicht ist, daß ich daraufhin weiterarbeiten kann, daß kein Verdruß entsteht usw. Anders, wenn es sich um eine Pflicht handelt. Da erkenne ich, daß es um etwas geht, was in sich selbst gilt und sein soll, sage Ja, gebe mich hinein, tue, was gefordert ist. Nun ist mein Bewußtsein ganz anders. Jene Handlung, die sich auf einen Zweck gerichtet hatte, war mit dessen Erreichung zu Ende. Je zweckmäßiger sie gewesen, desto gründlicher war sie nachher vorbei. In jener hingegen, wel-

che von der Pflicht bestimmt war, liegt das Bewußtsein, etwas Unbedingtes berührt zu haben. Das Nützliche vergeht mit der Erreichung des Zweckes, das Gute bleibt. Und nicht nur lange, Tage oder Jahre oder die Zeit des Gedenkens hindurch, sondern einfachhin, unbedingt. Im Maße aber der Mensch dieses Unbedingte will, bekommt er selbst Teil an dessen Charakter. Je entscheidender und kraftvoller er nach dem Guten strebt, desto stärker wächst er selbst in dessen Unbedingtheit hinein. So könnte man sich denken, wenn es einem Menschen gelänge, etwas vollkommen Gutes zu wollen, und es zu wollen mit einer bis auf den Grund des Herzens gehenden Lauterkeit, und in dieses Wollen und Tun die ganze Kraft hineinzugeben, die er hat – dann würde etwas Geheimnisvolles geschehen: er würde, um das so billig gewordene Wort zu brauchen, verewigt werden.

Aus solchen Erfahrungen entsteht ein Begriff von dem, was Ewigkeit sein würde: die reine Gegenwärtigkeit vollkommenen Daseins. Darin gäbe es weder Werden noch Vergehen. Das Lebendige würde in einem einfachen Akt sein ganzes Wesen verwirklichen. Seine Gestalt und seine Kräfte wären ganz gültig geworden. Das Sein wäre an jeder Stelle durch Wert gerechtfertigt. Es wäre nicht nur da, sondern hätte Recht, dazusein.

Eine solche Ewigkeit kann der Mensch von ihm selbst her nicht erreichen. Durch eigenes Vermögen gelangt er nie in die ganz lebendige Gegenwärtigkeit, in welcher das Gute sich rein verwirklicht. Wenn es aber ein Wesen gäbe, dessen Sinngehalt das absolut Gute selber ausmachte, und dessen Sinngehalt ebenso mächtig wäre, wie sein Sinngehalt gültig, ein vollkommen gutes und unendlich großes Wesen – dann gäbe es in dessen Dasein weder ein Werden noch ein Streben mehr. Sein Leben wäre einfachhin sinnerfüllt, und der Sinn seines Daseins schlechthin wirklich. Das Moment des Vorübergangs wäre verschwunden, die Gegenwart von absolutem Gewicht. Dieses Wesen gibt es: es heißt Gott. Die Weise, wie Er lebt, ist die Ewigkeit. Zeit ist nicht etwas um uns her, kein Kanal, durch den wir hindurchfahren. Wir selbst, unsere Endlichkeit ist die Zeit – die Ewigkeit aber ist die Weise, wie Gott lebt.

Aus uns haben wir keine Ewigkeit, nur die Hinordnung auf sie und die Sehnsucht nach ihr. Sollen wir ihrer teilhaftig werden, dann muß es aus dem Gottverhältnis heraus geschehen. Aber wie?

Die Offenbarung der Ewigkeit

Die pantheistische Mystik – die indische oder persische oder neuplatonische – sagt, der Mensch könne durch Reinigung und Versenkung, Erkenntnis, Hingabe und Eroberung so weit gelangen, daß er mit dem Göttlichen eins, daß er gottförmig werde. Dann sei er der Zeit entrückt, ewig wie Gott. Die christliche Offenbarung spricht nicht so.

Das Neue Testament tut auch hier jenen eigentümlichen Schritt aus dem Allgemeinen ins Personhafte, aus dem Metaphysischen ins Geschichtliche, bei welchem das neuzeitlich gewöhnte Denken zunächst ein Gefühl der Verengung hat: als ob die göttlichen Dinge der Art des Menschen angepaßt, volkstümlich, oder kindlich, oder primitiv gemacht würden. In Wirklichkeit geht es um etwas ganz anderes. Es scheint sehr groß und tiefsinnig, das Letzte so zu denken, daß Gottes allwesendes Leben in der stillen Gegenwärtigkeit des absoluten Sinnes steht, der menschliche Geist aber, der sein Leben richtig geführt hat, das Individuell-Vergängliche hinter sich läßt und in der Unaussagbarkeit jenes Lebens aufgeht – in Wirklichkeit ist die Grundwahrheit unseres Daseins aufgehoben, wonach Gott allein Gott ist, der Mensch aber durchaus Geschöpf. So spricht das Evangelium von der Ewigkeit und unserem Sein in ihr ganz anders, mit Gleichnissen, welche jene Grundwahrheit voraussetzen. Es sagt, das ewige Dasein des Geschöpfes sei ein Lobgesang; ein Dienst vor Gott und eine Herrschaft zugleich (Offb 4–5; 22,3–5); es bestehe darin, daß Gott beim Menschen eintrete, Wohnung bei ihm nehme und Mahl mit ihm halte (Joh 14,25; Offb 3,20); es sei eine Hochzeit, in welche die ganze Welt hineingezogen werde (Offb 21,1). Was heißt das?

Man könnte antworten, der Sinn dieser Gleichnisse liege eben in jenem Begriff der metaphysisch-mystischen Ewigkeit, von welchem die Rede war. So meinen es ja auch religiöse Denker, die man als besonders tiefsinnig rühmt; in Wahrheit zerstören sie den Sinn. Natürlich sind jene Aussagen auch gleichnishaft, denn in der Ewigkeit werden keine Hymnen gesungen und gibt es keinen Tisch mit Speisen, an welchem Leute sitzen – nicht gleichnishaft aber, sondern genau ist darin gemeint, daß die Ewigkeit kein metaphysischer Bezug ist, der mit Begriffen von »Wahrheit«, »Wesen«, »Leben« ausgedrückt werden könnte, sondern ein Verhältnis von Personen. Hier liegt das Eigentliche. Versuchen wir wieder aus der täglichen Erfahrung einen Richtungszusammenhang herauszuarbeiten, der darauf hinweist.

In einem Zimmer befindet sich ein Tisch mit Stühlen, an der Wand ein Schrank, in der Mitte hängt eine Lampe. Das ist der körperliche Raum, in welchem neben- und über- und untereinander die Dinge sind... Nun anders: Ich sitze im Freien auf einer Bank. Um mich her ist es still, und ich bin ganz gelöst und ruhig. Meine Gedanken gehen einen schönen Weg, und ich bekomme das Gefühl der Weite. Diese Weite ist nicht nur um mich, in der Landschaft, sondern auch in mir, in meinem Gemüt. Da ist wieder ein »Raum«, »in« welchem etwas ist: die Innerlichkeit des Lebens, und darin die seelischen Bewegungen, die Gefühle, und so fort... Noch einmal anders: Ich denke über eine Frage nach, mühe mich, dringe ein, vergleiche, unterscheide und verknüpfe. Plötzlich erschließt sich die Wahrheit mit der nur ihr eigenen Sinnmacht, als das, was in sich selbst und um ihretwillen gilt, ohne Absicht und Zweck, nur weil sie Wahrheit ist. Hier ist abermals ein »Raum« von neuer Art, »in« dem ebenfalls etwas ist: der des Geistes und darin meine Gedanken; genauer, meine Erkenntnis; noch einmal genauer, ich als Wesen, das von der Wahrheit lebt... Und ein Letztes: Zwei Menschen kennen sich schon lange, haben allerlei miteinander gearbeitet und erlebt, da sagt der eine plötzlich etwas; der andere ist betroffen und denkt: »der bist Du also!« Nun hat er ihn auf einmal »im Blick«. Nicht im äußeren; darin hat er ihn immer schon gehabt, er ist ja nicht blind. Auch nicht nur im Blick des Wissens oder der Hochschätzung, der war ebenfalls schon wach. Sondern in jenem, der aus dem Ich ins Du geht, womit Person um Person weiß. Hier öffnet sich wieder ein »Raum«, »in« welchem diese beiden Menschen in neuer Weise zusammen sind: der personale Raum des Umeinanderwissens, der Ehrfurcht, der Treue, der Liebe, der Freundschaft...

In allen diesen Räumen kann der Mensch existieren: im äußeren, denn er hat einen Körper; in dem des Lebens, denn er hat Gemüt; in dem der Wahrheit und Schönheit, denn er ist Geist; in dem der Person, denn er ist Ich und kann zum Du eines anderen Menschen werden.

Nun sagt die Schrift Dinge folgender Art: »Im Anfang war das Wort, und das Wort war zu Gott hingewendet. Und das Wort war Gott. Solchergestalt war es im Anfang auf Gott hingewendet.« (Joh 1,1–2) Sie sagt nicht: »früher« war das Wort, oder einfach »einst«; das wären Zeitaussagen, sondern: »im Anfang«. Dieser Anfang ist nicht der erste in der Reihe der Zeitaugenblicke, sondern der Anfang einfachhin, der Urbereich Gottes. Er ist die Weise, wie Gott ist, die Ewigkeit. Wie wird aber dieses Ewig-Sein bestimmt? Welcher Art ist der »Raum« dieses Existierens? Weder der körperliche, noch der des unmittelbaren Lebens und des Gemütes, das ist ohne weiteres klar. Aber auch nicht einfachhin der »geistige«. Es heißt nicht: »am Anfang lebte Gott in seiner reinen Wahrheit« – was ein Johannes durchaus hätte sagen können, finden sich doch bei ihm Sätze wie der, Gott sei »die Wahrheit« oder »die Liebe« oder »das Licht« – sondern das Existieren Gottes wird mit den Worten beschrieben: »das Wort war zu Gott hingewendet.« Darin meint der Ausdruck »Gott« den Vater; »das Wort« den Sohn. Von diesem ist gesagt, daß Er »auf den Vater hingewendet sei«. Damit aber die Aussage ja nicht ins Metaphysische zerrinne, heißt es am Schluß des Prologs: »Gott hat keiner je erblickt; der einzige Sohn, der an des Vaters Brust war, hat Ihn uns geoffenbart.« (1,18) Wir sehen, wie da, menschlich gesprochen, zwei einander zugewendet sind im Einvernehmen unendlichen Erkennens und Liebens. Jenes Erkennens, das nicht nur spricht: »ich kenne Dich«, sondern: »ich weiß um Dich«; jenes Liebens, worin jeder sich dem andern ganz verdankt und dennoch vollkommen frei ist. Möglich aber ist diese Eigenständigkeit und Einheit zugleich, diese Ehrfurcht und Nähe durch den Heiligen Geist. Nur durch Ihn ist der Sohn wirklich Er-selbst, und ebendarin Erselbst auch der Vater; denn der Geist wirkt die allmächtige Fruchtbarkeit und Freiheit der göttlichen Geburt. Nur durch Ihn sind aber Sohn und Vater einiger Gott; denn der Geist macht, daß der Geborene nicht weggeht, sondern sich »zum Vater wendet« und »in ihm bleibt...« Nun: dieses, was da zwischen dem Vater und Sohn ist; der »Raum«, »in« welchem Vater und Sohn solcherweise einander zugewendet und beieinander sind – das ist die letzte und eigentliche Ewigkeit.

Der gleiche Raum öffnet sich wieder, wenn es im Evangelium heißt: »Als aber Jesus getauft war, stieg Er alsbald aus dem Wasser, und siehe, die Himmel taten sich auf, und Er sah den Geist Gottes herabfahren wie eine Taube und sich auf Ihn niederlassen. Und siehe, eine Stimme aus dem Himmel sprach: ›Dieser ist mein geliebter Sohn, an dem ich Wohlgefallen gefunden‹.« (Mt 3,16–17) Die Himmel »tun sich auf«; der Raum der Vorbehaltenheit, das »unzugängliche Licht«, in welchem Gott mit sich selbst allein ist, öffnet sich. Darin blickt der Vater auf den Sohn und spricht die Worte des Wissens und Liebens. Darin ist der Sohn dem Vater zugewendet, weiß um Seinen Willen und nimmt die Verantwortung für Seine Ehre

auf sich. Hier sind wieder das ewige innergöttliche Ich und Du. Der Raum, der dazwischen entsteht, seine Innerlichkeit, seine Stille und Fülle ist die eigentliche Ewigkeit.
Sie ist die Mitte von allem. Von ihr geht alles aus, und zu ihr kehrt alles zurück.

Der Eintritt des Menschen in die Ewigkeit

Was Paulus und Johannes über das christliche Dasein sagen, ist auf dem Verhältnis »der Mensch in Christus – Christus im Menschen« aufgebaut.
Das bedeutet zunächst, der Glaubende sei vom Bild und von der Gesinnung des Herrn erleuchtet und durchwaltet. Das ist aber nicht genug. Christus ist durch Tod und Auferstehung in einen neuen Zustand übergegangen – »der Herr ist der Geist«, drückt Paulus ihn aus. So kann er, ohne die Dichte der menschlichen Gestalt zu zerstören, ohne die Innerlichkeit des menschlichen Lebens aufzuheben, noch die Würde der Person anzutasten, »im« Glaubenden sein: als Gestalt, die ihn formt; als Macht, die ihn durchwaltet; als Halt und Standort, von dem aus er lebt. In jedem Christen vollzieht sich, nach den Voraussetzungen und in der Weise seiner Persönlichkeit, das Christusleben neu. Immer ist es Christus, der da lebt; ebendadurch aber ist es der Mensch, der nun erst zu seinem eigentlichen Menschentum frei wird. Abermals ist es der Heilige Geist, der dieses Verhältnis schafft. Zum ersten Mal auf Pfingsten, wie Er aus den schwankenden und nichtverstehenden Jüngern Christen und Apostel macht; von da ab immer neu durch Glauben und Taufe.

Darin wird die lebendige Wirklichkeit Christi dem Glaubenden zu eigen, und darüber wäre Unerschöpfliches zu sagen. Uns geht hier folgendes an: Indem der Glaubende in diese Gemeinschaft mit Christus tritt, wird er durch Ihn auch in Sein Verhältnis zum Vater aufgenommen. Er hat gesagt: »Niemand kennt den Sohn, als nur der Vater; und niemand kennt den Vater, als nur der Sohn, und wem es der Sohn will offenbaren.« (Mt 11,27) Und wieder: »Niemand kann zu Mir kommen, wenn nicht der Vater, der Mich gesandt hat, ihn zieht.« (Joh 6,44) Und abermals: »Ich bin der Weg und die Wahrheit und das Leben. Niemand kommt zum Vater, es sei denn durch Mich.« (Joh 14,6) Das Ziel alles menschlichen Gehens ist der Vater; es gibt kein anderes, und es erfüllt alles. Der Weg zu diesem Vater aber liegt nicht offen zutage. Denn der Vater ist nicht nur die höchste schöpferische Macht oder die alles durchwaltende Weisheit, als was ihn schon das natürliche religiöse Empfinden ahnt, sondern der Vater in seiner Eigentlichkeit ist verborgen. Er ist der unbekannte Gott, von dem wir nur erfahren, indem Er sich enthüllt, und das geschieht in Christus. Durch Ihn erfahren wir vom Vater, indem Er als Sein Sohn offenbar wird. Johannes sagte das im ersten Brief ganz ausdrücklich: »Jeder, der den Sohn ablehnt, hat auch den Vater nicht. Wer den Sohn bekennt, hat auch den Vater.« (2,23)

Gottes Kind – sagen wir es mit deutlicher Heraushebung des Ernstes, der darin liegt: Gottes Sohn, Gottes Tochter zu sein, bedeutet nicht nur, zu Gott in einem Vertrauensverhältnis zu stehen, Ihn zu lieben und sich von Ihm behütet zu wissen, sondern etwas ebenso Genaues wie Unerhörtes: durch Gnade zum

Vater in das Verhältnis aufgenommen zu sein, in welchem sein menschgewordener Sohn von Wesen steht.

Ganz stark ausgedrückt sagt die paulinische Vorstellung: Glauben heißt, von Christus erfaßt werden, und nicht nur psychologisch, wie der Schüler vom Meister, sondern wirklich; von Ihm in Sein eigenes Leben hereingezogen und in die Bewegung, in welcher Er auf den Vater hin steht, mitgenommen zu werden. Damit wird der Glaubende in das Ich-Du-Verhältnis zwischen Vater und Sohn hineingeholt. Das ist wohl letztlich mit Christi Worten »Ich bin der Weg« gemeint. Er sagt nicht nur: »Ich zeige den Weg« oder »Ich gehe ihn voraus«, sondern: »Ich bin der Weg.« Es gibt keinen Weg zum Vater, der in der Ordnung der Dinge oder im Wesen des Menschen läge und auch ohne Christus bestünde, denn er ist kein Verhältnis von Dingen, sondern eine Beziehung von Personen. Letztlich ist es die Menschwerdung, durch welche unter uns Einer steht, »Jesus Christus« geheißen; Mensch wie wir, und daher fähig, unser Leben mitzuvollziehen; Gott wie niemand sonst, und daher fähig, uns ins Vorbehaltene hinüberzunehmen.

Das alles erscheint auf Erden in der Form des Anfangens, des Kämpfens und Strebens. Es ist verhüllt, muß geglaubt und gegen den Einspruch der nächsten Wirklichkeit aufrechterhalten werden. Es ist aber wirklich begonnen, der Weg führt hinüber. Jene Ewigkeit, von welcher die Rede war, die in der Eigenständigkeit und zugleich Einheit, in der Ehrfurcht und Liebe zwischen den Augen und Herzen des Vaters und des Sohnes liegt; jene Weite, Tiefe und heilige Innigkeit, jenes Umeinander-Wissen und Füreinander-Sein ist die Heimat, die uns verheißen ist. In sie gehört der Mensch hinüber. Sie ist die Ewigkeit.

Das Gericht, und was in ihm vorangeht, setzt der Geschichte ein Ende. Es bricht die Verschlossenheit der Zeit auf. Es holt den »Menschen des Wohlgefallens« in jene Ewigkeit hinein, welche durch die Liebe des Heiligen Geistes zwischen Vater und Sohn besteht. Das ist mit dem Eintreten in die Türe, mit dem Weilen und Wohnen, mit dem Hochzeitsmahl, mit dem Lobgesang und heiligen Dienst gemeint. Das mit den geheimnisvollen Verheißungen, die am Ende der sieben Sendschreiben in der Apokalypse jenen gegeben werden, welche treu bleiben und überwinden. Und daß die Worte, wonach »der einzige Sohn an der Brust des Vaters liegt« (Joh 1,18), für die Innigkeit wiederkehren, die zwischen Jesus war und »dem Jünger, den Er liebte«, so daß es heißt: »es lag aber einer an der Brust Jesu«, ist wie ein Unterpfand und eine Vorwegnahme (Joh 13,25).

Im Kapitel von der Auferstehung wurde gesagt, wer es ist, der in die Ewigkeit aufgenommen wird: nicht nur »die Seele« oder »der Geist«, sondern der lebendige Mensch, mit seinem leib-seelischen Sein, dem Inbegriff seines Schicksals, dem Zusammenhang seiner Taten und Werke, soweit das Gericht sie bestätigt hat. Die Behauptung ist unerhört; sie bildet aber nur das letzte Glied einer Kette, welche durch die ganze christliche Botschaft geht.

Ungeheuer ist daran zunächst, daß überhaupt ein endliches Wesen in die Gottesgemeinschaft aufgenommen werden soll. Unerhört für jeden, der sich von der pantheistischen Verworrenheit freigemacht und erkannt hat, daß die Vorbedingung aller geistigen Reinheit in der klaren Anerkenntnis liegt, Gott allein sei Gott; der Mensch Geschöpf und nur das; dazwischen aber liege die Kluft der schlechthinnigen Verschiedenhiet. Soll also möglich werden, was verheißen ist, dann muß etwas ganz Neues walten: die Gnade in ihrem reinen und vollen Sinn... Noch ungeheuerlicher aber – wenigstens für unser neuzeitliches Empfinden – ist, daß dieses endliche Wesen der Mensch sein soll. Wäre es nur der Geist, dann könnten wir es, scheint uns, eher denken – obwohl das eine Täuschung wäre, denn wir dürfen das Wort »Geist« von Gott und vom Menschen nicht in der gleichen Weise brauchen; und wenn die Seele des Menschen Geist ist, dann ist Gott es in einer so anderen und unbegreiflichen Weise, daß dazwischen die Kluft der Unvergleichbarkeit liegt. Immerhin meinen wir, es sei leichter zu denken; hier wird aber gesagt, auch der Leib des Menschen, auch seine Geschichte, die eine menschliche ist, auch seine Taten und Werke, die sich in Raum und Zeit zugetragen haben, sollen in Gottes Innigkeit aufgenommen werden. Ist das nicht ein Märchen? Wenn ja, dann ist aber auch die Auferstehung Jesu ein Märchen und ebenso seine Himmelfahrt; denn Der in der Ewigkeit beim Vater weilt, ist nicht der bloße Logos, sondern der Gottmensch Christus Jesus in der Fülle seines erlösenden Lebens. Man hat dieses Ärgernis auszuräumen versucht, weil man den Gedanken nicht ertragen konnte, der Menschenleib Christi solle in die Reinheit des geistigen Gottes hineingenommen sein; die Kirche hat aber einen Kampf darum geführt, mit einer Wachsamkeit des Gewissens und einer Anspannung der Kräfte, welche zeigen, daß es um das Letzte ging. Daß Christus wirklich auferstanden ist, Mensch geblieben und als solcher in die Ewigkeit eingegangen; daß in der Innigkeit Gottes nicht nur der Logos, sondern der verklärte Jesus von Nazareth lebt – daran hängt alles. Gott hat den Menschen so geschaffen und gewollt, daß das sein kann; und wiederum ist Gott so, daß Er das will und es von Ihm möglich ist. Er ist nicht der Gott der Philosophie, oder der Frömmigkeit des bloßen Geistes, sondern ein ganz Anderer, dem Menschen unbekannt gewesen und erst offenbar geworden in Christus. Unbekannt ist aber auch das Geheimnis des Menschen gewesen und erst durch Christus kundgetan.

Im achten Kapitel des Römerbriefes und im Anfang der Briefe an die Epheser und Kolosser wird gesagt, in das heilige Verhältnis, von dem wir zu sprechen versuchten, solle nicht nur der Mensch, sondern auch alles Geschaffene hineingezogen werden. Es geht nicht nur um die Erlösung des Menschen, sondern auch der Welt; nicht nur um den neuen Menschen, sondern um »den neuen Himmel und die neue Erde«. Nicht unmittelbar, das wäre Mythos und Magie, sondern durch den Menschen hindurch. Wir können hier nicht darlegen, wie weithin sich der Zusammenhang verwebt. Er beginnt schon in der Lehre von der Vorsehung. Diese verkündet nicht eine höhere Stufe der Weltordnung, sondern sagt, wenn der Mensch glaubend in das Einvernehmen mit dem Willen des Vaters trete, ordneten sich um ihn her die Dinge neu. Wo immer das geschehe, öffne sich ein neuer Anfang, und die neue Schöpfung verwirkliche sich.[15] Im achten Römerbriefkapitel sagt nun Paulus: »Denn das sehnsüchtige Harren der Schöpfung wartet auf die Offen-

[15] Dazu Guardini, »Welt und Person«, a. a. O., S. 173 ff.

barung der Söhne Gottes. Denn die Schöpfung war der Vergänglichkeit unterworfen, nicht aus eigenem Willen, sondern dessentwegen, der sie unterwarf; auf die Hoffnung hin, daß auch sie, die Schöpfung, einst von dem Dienste der Verwesung soll befreit werden zur Freiheit der Herrlichkeit der Kinder Gottes. Wissen wir ja, daß die ganze Schöpfung mitseufzt und mit in Wehen liegt bis jetzt.« (19–22) Von allen Seiten drängen die Dinge in diesen leuchtenden Beginn, der aber nichts anderes ist als das Verhältnis, in welches Christus den Menschen zum Vater bringt... Der Epheserbrief spricht vom »Geheimnis Seines Willens nach Seinem Wohlgefallen, danach Er es sich vorgesetzt für die Anordnung der Fülle der Zeiten, unter ein Haupt zu fassen das All in Christus, alles, was im Himmel ist, wie was auf Erden« (1,9–10). Nicht nur der Mensch ist von der Machtgestalt Christi erfaßt, sondern auch die Welt. So spricht der Kolosserbrief vom »Reich des Sohnes Seiner Liebe, in welchem wir die Erlösung, die Vergebung der Sünden haben; der das Ebenbild des unsichtbaren Gottes ist, der Erstgeborene aller Schöpfung, ward doch in Ihm alles geschaffen im Himmel und auf Erden, das Sichtbare und das Unsichtbare, Throne, Hoheiten, Herrschaften, Mächte – alles ist durch Ihn und auf Ihn hin geschaffen, und Er ist vor allem, und alles besteht in Ihm. Und Er ist das Haupt des Leibes, der Kirche, der da ist der Anfang, der Erstgeborene von den Toten, auf daß Er in allem den ersten Platz habe; hat Er [der Vater] doch beschlossen, daß in Ihm die ganze Fülle [der Schöpfung] wohnen solle.« (1,14–19) Hier bewegt sich die ganze Schöpfung auf jene verborgene Ewigkeit zu, von der wir sprachen. Nicht unmittelbar – etwa wie nach der Meinung der Platoniker das Seiende durch den All-Eros zu seinem Anfang zurückstrebt –, sondern durch den Menschen, dessen erlöstes und verwandeltes Herz.[16]

Wir haben viele Gedanken entwickelt und viele Worte gebraucht, um von der christlichen Ewigkeit zu sprechen, und alles ist noch sehr unbestimmt und unvollständig geblieben. In Wahrheit ist es etwas ganz Einfaches.

Immer wieder hört man sagen, das Christentum denke vom Menschen klein, es verachte den Leib, es entwerte die Welt, es hole den Glaubenden von Tat und Werk in eine geistige oder religiöse Abseitigkeit fort. Man begreift nicht, wie dieses Dogma der Unwahrheit entstehen und aufrechterhalten werden konnte, denn nirgendwo ist der Mensch so groß gesehen wie in der christlichen Botschaft; nirgendwo wird die Welt so ernst genommen, wie in ihr; nirgendwo wird das Geschaffene, das in der Zeitlichkeit sich Zutragende so entschieden zu Gott hinauf- und in Ihn hineingehoben, wie es durch Christus geschieht. Das aber in einer Weise, der von Mythos oder Märchen auch kein Hauch anhaftet, sondern in einem göttlichen Ernst, für welchen Christi Schicksal die Gewähr bildet.

[16] Zum Ganzen: Guardini, »Drei Schriftauslegungen«: Das Harren der Schöpfung (Römerbrief 8,12–39), a. a. O.

Romano Guardini – Topos Taschenbücher

Die Annahme seiner selbst. Den Menschen erkennt nur, wer von Gott weiß
Topos Taschenbuch 171
9. Auflage. 80 Seiten. Kartoniert

Beten im Gottesdienst der Gemeinde
Zur Besinnung und Mitfeier
Topos Taschenbuch 114
108 Seiten. Kartoniert

Briefe über Selbstbildung
Bearbeitet von Ingeborg Klimmer
Topos Taschenbuch 146
15. Auflage. 192 Seiten. Kartoniert

Das Gebet des Herrn
Topos Taschenbuch 75
15. Auflage. 96 Seiten. Kartoniert

Geistliche Schriftauslegung
Mit einem Nachwort von Heinrich Kahlefeld
Topos Taschenbuch 231
104 Seiten. Kartoniert

Der Heilbringer in Mythos, Offenbarung und Politik
Eine theologisch-politische Besinnung
Topos Taschenbuch 84
84 Seiten. Kartoniert

Die Lebensalter
Ihre ethische und pädagogische Bedeutung
Topos Taschenbuch 160
14. Auflage. 104 Seiten. Kartoniert

Die Mutter des Herrn
Ein Brief und darin ein Entwurf
Topos Taschenbuch 165
4. Auflage. 72 Seiten. Kartoniert

Nähe des Herrn
Betrachtungen über Advent, Weihnachten, Jahreswende und Epiphanie
Topos Taschenbuch 242
5. Auflage. 96 Seiten. Kartoniert

Der Rosenkranz Unserer Lieben Frau
Topos Taschenbuch 181
9. Auflage. 88 Seiten. Kartoniert

Die Technik und der Mensch
Briefe vom Comer See
Mit einem Vowort von Walter Dirks
Topos Taschenbuch 108
8. Auflage. 96 Seiten. Kartoniert

Vom Leben des Glaubens
Topos Taschenbuch 124
88 Seiten. Kartoniert

Vom lebendigen Gott
Topos Taschenbuch 104
10. Auflage. 84 Seiten. Kartoniert

Vom Sinn der Schwermut
Topos Taschenbuch 130
7. Auflage. 108 Seiten. Kartoniert

Matthias-Grünewald-Verlag · Mainz

Sorge um den Menschen, Band 1
256 Seiten. Kartoniert

Sorge um den Menschen, Band 2
144 Seiten. Kartoniert

Stationen und Rückblicke
Berichte über mein Leben
368 Seiten. Kartoniert

Der Tod des Sokrates
Eine Interpretation der platonischen Schriften
Euthyphron, Apologie, Kriton und Phaidon
288 Seiten. Kartoniert

Tugenden
Meditationen über Gestalten christlichen Lebens
4. Auflage. 184 Seiten. Kartoniert

Vorschule des Betens
2. Auflage. 176 Seiten. Kartoniert

Welt und Person
Versuche zur christlichen Lehre vom Menschen
200 Seiten. Kartoniert

Die Titel der Reihe »Romano Guardini Werke« erscheinen in Gemeinschaft mit dem Verlag Ferdinand Schöningh, Paderborn.

Matthias-Grünewald-Verlag · Mainz

Romano Guardini auf Grünewald-Sprechkassetten – Worte werden lebendig

Die Annahme seiner selbst
Sprecher: Christian Brückner
Grünewald-Sprechkassetten
Laufzeit: 2 × 25 Minuten

Der Heilige in unserer Welt
Der Sonntag – gestern, heute und immer
Sprecher: Romano Guardini
Grünewald-Sprechkassetten
Laufzeit: 2 × 40 Minuten

Die Situation des Menschen
Sprecher: Romano Guardini
Grünewald-Sprechkassetten
Laufzeit: 2 × 45 Minuten

Der unvollständige Mensch und die Macht
Sprecher: Romano Guardini
Grünewald-Sprechkassetten
Laufzeit: 2 × 30 Minuten

Vom Sinn der Schwermut
Sprecher: Manfred Schradi
Grünewald-Sprechkassetten
Laufzeit: 2 × 30 Minuten